受众差异视域下的大学生健康促进研究

李　丹——著

重庆大学出版社

图书在版编目（CIP）数据

受众差异视域下的大学生健康促进研究 / 李丹著 . 重庆 : 重庆大学出版社 , 2024. 8. -- ISBN 978-7-5689-4719-0

Ⅰ. G479

中国国家版本馆 CIP 数据核字第 2024AL6609 号

受众差异视域下的大学生健康促进研究

SHOUZHONG CHAYI SHIYU XIA DE DAXUESHENG JIANKANG CUJIN YANJIU

李　丹　著

责任编辑：王　波　　版式设计：陈　亮

责任校对：邹　忌　　责任印制：赵　晟

*

重庆大学出版社出版发行

出版人：陈晓阳

社址：重庆市沙坪坝区大学城西路 21 号

邮编：401331

电话：(023) 88617190　88617185（中小学）

传真：(023) 88617186　88617166

网址：http ://www.cqup.com.cn

邮箱：fxk@cqup.com.cn（营销中心）

全国新华书店经销

重庆新生代彩印技术有限公司印刷

*

开本：787 mm × 1092 mm　1/16　印张：10.75　字数：243 千

2024 年 8 月第 1 版　　2024 年 8 月第 1 次印刷

ISBN 978-7-5689-4719-0　定价：39.00 元

前 言

在我国社会发展过程中，健康问题越来越受到重视。与此同时，高校体质弱势群体作为一个特殊群体，此群体的健康教育是一个需要全社会共同关注和努力解决的问题。

从理论来讲，体质弱势群体健康教育的研究有助于深化对健康教育理论的理解。传统的健康教育理论主要关注的是健康行为的培养和健康知识的教育，而忽视了体质弱势群体的特殊需求。体质弱势群体健康教育的研究，则可以进一步拓展健康教育的理论体系，提出针对体质弱势群体的健康教育策略和方法。

从实践角度来看，体质弱势群体健康教育的研究有助于推动我国健康教育事业的改革和发展。体质弱势群体由于其特殊的体质状况，往往需要更加个性化和特殊化的健康教育服务。通过研究体质弱势群体健康教育，可以为健康教育工作者提供新的思路和方法，推动健康教育事业的创新和发展。

从社会公平角度来看，体质弱势群体健康教育的研究有助于推动社会公平和正义。体质弱势群体由于其特殊的体质状况，往往面临着更大的健康教育和医疗资源分配不公的问题。通过研究体质弱势群体健康教育，可以揭示和解决这些问题，推动社会公平和正义的实现。

从国家发展战略角度来看，体质弱势群体健康教育的研究有助于推动我国健康中国战略的实施。体质弱势群体是我国健康中国战略的重要对象，其健康问题直接影响着我国的健康中国战略的实施效果。

体质弱势群体健康教育的研究具有重要的理论和实践意义。通过深入研究体质弱势群体健康教育，提出有针对性的健康教育策略和方法，推动健康教育事业的创新和发展，推动社会公平和正义的实现，为我国的健康中国战略提供科学和有效的支持。

本书以受众差异视域为切入点，深入探讨高校体质弱势群体健康教育的现状、问题及其影响因素，并提出相应的改进策略，以期提高高校体质弱势群体的健康水平，促进其全面发展，为我国高校健康教育的改革和发展提供新的思路和方法。

CONTENTS

目 录

第五章　基于受众诉求的高校体质弱势群体健康教育的调研

第六章　受众差异视域下高校体质弱势群体体育教育策略

第七章　受众差异视域下高校体质弱势群体体育教学实践

结　语

参考文献

第一章 绪论

一 受众差异视域下高校体质弱势群体健康教育研究现状述评

2016年中共中央、国务院颁布了《"健康中国2030"规划纲要》，这是着力推进健康中国战略的决策，也是加快学校体育改革的动力和推手，促进了学生体质健康教育广泛和深入的研究。在此背景下，有关于促进学生体质健康的研究成果不断呈现，为高校体育教育的改革和发展提供了理论参考和实践指南。但相关研究较多集中在政策的指导思想和执行状况、学校体育教学手段和方法等方面，鲜有对这些政策、方法和手段所实施的对象即受众的研究，尤其是对体质弱势学生受众健康教育的研究。高校体质弱势群体是指低体质健康水平的学生群体，他们可能由于先天原因，如病残导致不适合剧烈运动，或由于后天原因，如超重、学习压力大、缺乏锻炼等，导致体质健康水平较低，还包括按《国家学生体质健康标准》(以下简称《标准》)未能达标，或游离于达标线的学生群体。已有学者提出"在体育政策研究方面，作为学校体育政策受众的学生，在学校体育政策研究中的角色是缺失的"(张强峰等，2020)，这种缺少对学生受众考量的研究不仅表现在体育政策的角色方面，也表现在促进低体质健康水平学生的教育研究上。

二 研究意义和价值

(一)研究意义

教育不仅仅是智力教育，而是德智体美劳的全面教育，这是教育公平的实践体现，也是在"健康第一"指导下的学校体育教育的终极目标。体质弱势学生虽然只占学校未达标《标准》的少数，却是促进学校体质健康教育的"关键少数"，关注和研究体质弱势学生受众问题是促进高校学生体质健康教育全面发展的迫切需要。

(二)研究价值

受众差异视域是以高校中体质弱势学生为研究主体，遵循以人为本的理念，从影响高校体质弱势学生受众体质健康的锻炼行为、"外在驱动力"(外因)和"内生动力"(内因)着眼，了解大学生受众的体质健康教育需求，为破解促进学生体质健康教育改革中的难题提供一种研究思路和可行性方略。

三 研究的主要内容及重要观点

(一)研究的主要内容

高校学生是学校体育教育最后阶段的受众，其体质健康水平、体质健康价值取向、体育锻炼习惯的养成与否，映射出国家体育政策、学校体育教育、家庭教育和社会导向共同运作下的终极效果。高校体质弱势学生的低体质健康水平状况不是“一时之功”，而是涵盖之前的每个教育阶段。

1.《国家学生体质健康标准》在促进体质弱势学生受众体质健康教育中存在的问题

2007 年颁布的《国家学生体质健康标准》是贯穿我国教育系统、考核体育工作、评价体育教育质量的重要指标，是一项常规性的测试制度，也是学生受众参与度高、覆盖面广的学校体育政策。当前的在校大学生大部分经历过从小学、中学到大学不同阶段的《标准》测试，对《标准》存在的问题已有学者进行多方面研究（栾丽霞，2016；何劲鹏，2018；张强峰等，2020），这些研究对《标准》的执行与预期目标有偏差的方面达成了共识。那么，这种偏差对体质弱势学生受众的影响是怎样的呢?

从《标准》政策的奖惩规定来看，体质弱势学生是被惩处的受众，但从小学到高中，为了保证其受教育的机会和完成学校体质健康达标任务，这一关乎学校教学质量的“一票”，往往成为学生免于处罚的绿色“通行证”。在学校方面，学生整体达标是学校体育工作优秀的依据，少数学生的不达标是正常现象，不属于工作的重点。如确实有过多不能达标的学生，通过测试手段和上报数据时作弊实现达标，比提升体质弱势学生的体质健康水平高效且成本低，这既满足了学校利益也迎合了家长需求。

但这种表面上的政策优待实际是对体质弱势学生的体质健康问题的忽视和对其体质健康教育利益的损害。结果是将这群学生的体质健康问题一直遗留至大学。如果在大学期间依然不调整执行偏差，则无疑将体质健康问题学生推向社会，最终使其失去在学校教育中促进其体质健康的机会，这既有损教育的公平性，也是对个体和社会的不负责任。

如何调整《标准》在大学期间对体质弱势学生受众的执行偏差是本书研究的一个维度。

2. 高校体育教育在促进体质弱势学生受众体质健康教育中存在的问题

我国学校体育教育中，“两操一课”是保障学生体质健康的主要形式。学校在组织实施的实践中，按照行政管理方式和依据不同体育教师特长进行班级编制，体育教学目标和内容相对统一，教师注重的是全班大多数学生的体质健康目标的达成和体育锻炼习惯的培养，较少考虑体质弱势学生的差异性，难以调动其学习的积极性。但另一方面，学校又在体育成绩评定中给予降低标准的“照顾”，这和《标准》奖惩规定的“放水”执行有“异曲同工”之效。

解除高考挤压的高校体育改革从增强体质到促进健康，从竞技化到趣味化，从淡化运动技能到鼓励运动参与等进行了一系列尝试，校园体育活动不断更新，营造出宽松、包容、活跃、多样的高校体育环境，为提升学生参加体育活动的兴趣、积极性和自信心提供了有力的外部保障，对激发大部分学生形成终身体育锻炼的习惯起到非常重要的作用，成效明显。但缺乏针对体质弱势学生受众的高校体育教学改革，这是本书研究的第二一个维度。

3. 家庭教育在促进体质弱势学生受众体质健康教育中存在的问题

受传统观念和高考指挥棒的应试教育的双重影响，大部分家庭的教育重点在于文理科知识的学习，对于体质健康问题的考量会因学习而暂时放在一边，这导致很大一部分学生错失了身体机能和身体素质自然生理发展的最佳时期。同时，学生对健康饮食认知不足、营养失衡、体育锻炼严重不足等现象较为普遍，这些负面效应的受众所显现的表征之一就是低体质健康水平。如何提高家庭教育对体质弱势学生的正向作用是本书研究的第三个维度。

4. 体质健康的价值取向在促进体质弱势学生受众体质健康教育中存在的问题

在大学生求职过程中，用人单位对学生的学历水平、专业知识结构有细致明确的要求，对体质健康貌似有要求，实则无要求。用人单位认为用医疗体检来筛选即可，所以招聘栏中的健康状况“良好”成为标准和统一答案，导致不同体质健康水平学生的健康状况没有体现出来，忽视体质健康与生理健康的区别，是忽视体质健康与社会适应的相关性。学生在求职过程中的趋利心理，也会因求职中的“非必要”条件而不重视体质健康，失去了社会层面的引导效力。这种引导力的缺失，对体质弱势学生受众可能更为严重，这是本书研究在社会维度的切入点。

5. 心理辅导在促进体质弱势学生受众体质健康教育中存在的问题

相较于中小学阶段，大学生的心智发展趋于成熟，对外界事物的认知、体质健康的重要性以及自身未来发展和社会需求有更多的了解。同时，学生从应试教育解脱出来后，由“圈养”体育锻炼行为和饮食习惯受家长的影响较多，进入到“散养”体育锻炼行为和饮食方式由自己做主的时期。如果大学生意识到自身在体质健康方面的弱势时，明知体育锻炼行为和合理饮食是改善体质健康的有效手段，且有良好的大学体育环境以及自由支配的时间，低体质健康水平状况却没有实质性改善，则需探究其内在因素——内生动力。

体育锻炼往往作为改善心理问题的手段，但体育锻炼行为和饮食习惯需要心理上的转变和坚持。在此，将心理辅导作为促进体质弱势学生受众体质健康水平提升的手段和方法，探索两者的关联与互通，这是从心理维度研究促进学生受众体质健康的尝试。

（二）重要观点

在应试教育的惯性作用下，高校体质弱势学生的体质健康改善既要从国家体育政策、高校体育教育、家庭教育、体质健康价值取向等外部驱动力考量，也要从其自身内在动力着眼。

1）“放水式”的惩处和数据造假等偏差性。现阶段《标准》的执行，虽有各种不同的消极现象和负面应对，但其在促进学生体质健康方面的有效作用还是得到普遍认可，这表现出教育者、学生受众对体育政策驱动力和约束力的依赖和对其进行改善的期待。所以，有必要进一步完善更具科学性、合理性的《标准》评价体系和执行方法。

2）高校体育是学校体育开花结果阶段，也是解决学生体质健康遗留问题的最佳时期。在提升了高校大部分学生体质健康的良好局面之下，针对体质弱势学生受众的健康促进到了应该提上日程的时候，这是“个性化”“差别化”教育的需求，也是教育全面性、公平性的要求。

3）“每个问题孩子的背后，都有一个问题家长”，同理，高校体质弱势学生受众的问题映射出其家庭体质健康的教育误区，体质弱势学生的家长理应知晓《标准》评定结果，加强对学生体质健康教育的重视，家庭教育的协同促进也是必要之选。

4）在求职招聘中，健康状况评述不能以“良好”二字简单应付，而应以完善后更科学、更全面的《标准》量化评价结果，发挥其在促进学生体质健康方面的社会引导作用，这是全社会关心学生体质健康的要求。

5）心理学中社会学习理论学者认为：行为是内因和外因共同决定的，但是，行为并不是二者简单的结合决定，而是交互决定的。即行为、内因和外因彼此相互影响，共同作用。大多数行为是个体自我调节的结果。体质健康的外在弱势可能与某些心理因素相关，从心理维度对体质弱势学生受众的体育锻炼行为和饮食习惯的纠正，是促进其体质健康发展的需要，也是提升其社会适应能力的需要。

总之，通过对体育政策、学校体育教育、家庭教育和体质健康价值取向，以及心理维度等的研究，了解导致高校体质弱势学生体质健康状况低水平的原因，探索促进这一特殊受众的体质健康外在“驱动力”，发挥其促进体质健康教育效能；探寻体育锻炼行为与心理因素的关联和互通，厘清造成差异的原因，以此激发学生的内生动力，培养学生终身体育锻炼习惯，全面了解改善其体质健康的外在需求和内在“短板”，为提升此群体的体质健康水平和社会适应性，制订具有可操作性的学生体质健康教育实施方略。

四 研究思路、方法以及创新之处

（一）研究思路

1）依据《标准》，体质健康包括身体形态、身体机能、身体素质三方面，在大学阶段，这三项指标都可以通过体育锻炼行为获得改善，体育锻炼是改善体质弱势的有效手段，《标准》、学校体育教育、家庭教育和体质健康价值取向等外在因素也是通过影响受众的体育锻炼行为产生相应效果的。但为什么这些因素没有对体质弱势学生产生正向引导？这是探寻外在驱动力（外因）的研究思路，如图 1-1 所示。

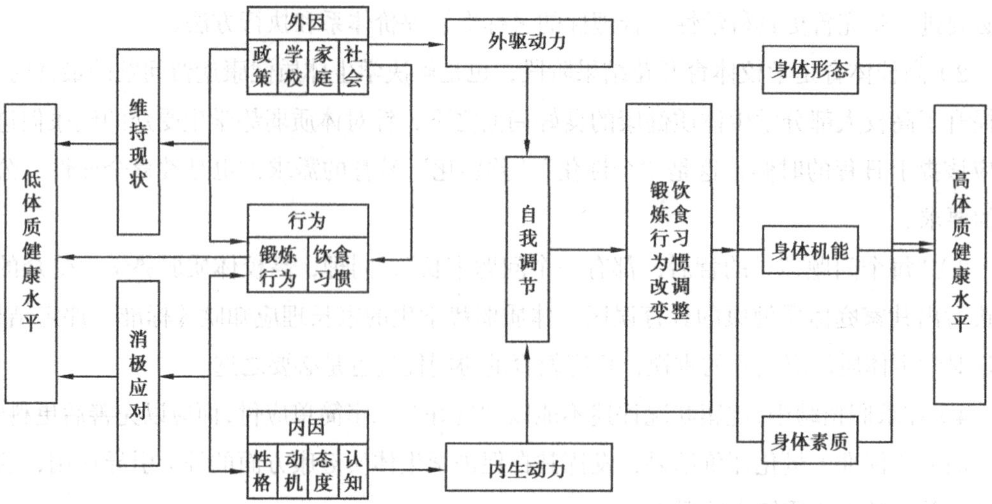

图 1-1 外在驱动力（外因）研究思路

2）大学生是学校教育阶段心智最成熟、对外界事物的认知水平最高的受众，体育锻炼对体质健康的有效性也是有认知的。同时，解除高考的重压，没有家长的过多干涉，有较多的自由支配时间和良好的大学体育环境，因此大学阶段是改善体质健康的最佳时期。但体质弱势学生在明知自身体质健康处于低水平状况的情况下，是否采取过有效手段进行提升？以及为什么没有采取有效手段？这是探寻内生动力（内因）的研究思路，如图 1-2 所示。

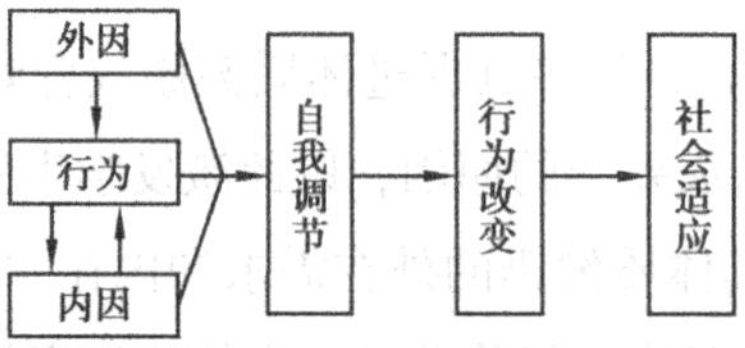

图 1-2 内生动力（内因）研究思路

3）变革“过程评价”“动态跟踪”等评价方式和执行手段被学者不断提出，在现有的结果性评价中增加过程性评价，让评价标准更科学，将过程性评价写进学生体质健康成绩单，作为家庭教育监督的预警和社会招聘时的健康状况评价，对促进体质弱势学生受众的效能值进行研究，这是探寻发展新趋势的研究思路，如图 1-3 所示。

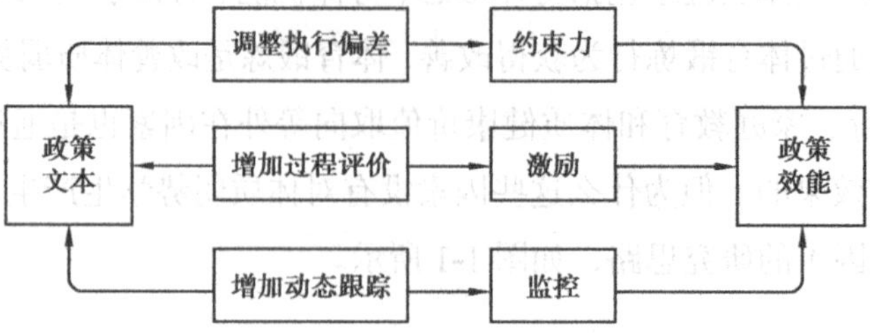

图 1-3 发展新趋势研究思路

（二）研究方法

1）文献资料法：关于促进学生体质健康已经有许多高质量研究成果，从文献资料中获得最新的研究动态、研究方法和理论支持，避免重复研究；在其他学科中查找相关联的研究，找寻更多的理论和实践的契合点。

2）问卷调查法：从前面论述的几个方面设计调查问卷，邀请专家对问卷进行论证，以确保问卷调查的科学性和有效性，从反馈信息中查找问题并分析问题。

3）访谈法：访谈是了解心理因素的重要方法，在心理学专家的指导下，设计访谈内容，让项目研究既严谨又充满人文关怀。

4）对比法：在所获得的相关数据中，选取不同类别的学生受众进行对比分析，也可以对同一类别学生受众不同时期的数据进行对比分析。

（三）创新之处

1）以受众为研究主体，摆正教育研究的主客体位置，这是在学生体质健康教育研究中多次提及后进行的实质性研究，也是由结果反推过程的逆向研究。

2）从大学生招聘中所体现的体质健康价值取向和高校学生就业时的趋利心理，研究如何激发促进体质健康的社会导向作用，是一个视角独特的研究。

3）体质弱势学生受众是占比不高的群体，是全面促进高校学生体质健康的“关键少数”，针对这一群体的研究是在目前促进大学生整体体质健康水平研究的基础上的完善性研究。

4）依据社会心理学原理，探索体质弱势学生受众的锻炼行为、外因以及内因在其体质健康中的交互作用，是将心理辅导引入体质健康促进和社会适应性的融合性研究。

第二章

受众差异视域下高校体质弱势群体健康教育研究理论基础

第一节 高校体质弱势群体概念的形成与界定

一 理论基础和分析框架

在高校中，体质弱势群体是一个重要且特殊的学生群体，通常指由于身体原因，在体育活动中处于劣势地位的学生。体质弱势群体概念的形成与界定，需要借鉴生物学、心理学和社会学等领域的相关理论，以构建其理论基础。

1）生物学层面，遗传、环境和生活方式等因素对个体的体质和健康状况有着重要影响。例如，遗传因素可能影响个体的身体素质和疾病易感性，环境因素如营养、运动和睡眠等则直接影响个体的身体健康，而生活方式则决定了个体的身体健康水平和生活质量。

2）心理学层面，自我概念和自我效能等理论对于理解体质弱势群体的形成机制也具有重要意义。自我概念是个体对自身性质和地位的认识和评价，它影响着个体对自身能力和价值的认知，进而影响个体的行为和决策。自我效能则是指个体对自己完成某项任务的能力的预测和判断，它影响着个体的行为动机和行为策略。

3）社会学层面，社会结构和文化的因素也对体质弱势群体的形成和发展产生了深远影响。社会结构，如教育水平、城乡差异等，可能影响个体的资源获取机会，从而影响其身体健康。社会文化，如家庭环境、社会规范、媒体影响等，也可能影响个体的行为和观念，进而影响其身体健康。

体质弱势群体的形成是一个多因素、多维度的过程，需要从生物学、心理学和社会学等多个角度进行理解和解释。这些理论为体质弱势群体的概念的形成和界定提供了重要的理论基础和分析框架。

二 体质弱势群体概念形成

国内外的相关研究对“体质弱势群体 ”还没有统一的界定。国外的相关研究中，“体质弱势群体”通常是指身体有缺陷的儿童，具体包括智力障碍儿童、身体残疾儿童、有行为问题的儿童（如品行不良、有暴力行为等）、肥胖症儿童、过度瘦弱儿童、过度近视儿童等。美国健康、体育、娱乐和舞蹈协会（American Alliance of Health，Physical Education，Recreation and Dance，AAHPERD）将体质弱势群体定义为“不能从事体育活动或身体锻炼的人”。

国内的相关研究中，对“体质弱势群体”的界定通常包括以下两种情况。一是根据学生的身体健康状况进行界定，如胡月英（2017）将体质弱势群体定义为因身体原因患有疾病或存在缺陷，或因生理原因而导致身体素质较差的学生群体。二是根据学生的身体健康状况和身体素质进行界定，如冯古首等（1999）将体质弱势群体定义为因生理原因患有疾病或身体素质较差，无法完成学校教学大纲规定的体育运动项目的学生群体。

20 世纪 90 年代，国内学者基于体质与健康方面的原因而提出体育的特殊群体的概念始于陈云开提出“特形生”概念，主要根据身体形态过于肥胖而取名，在当时具有进步意义。近年来也有学者提出“健康弱势群体”“体育差生”“体育弱势群体”“特殊体育”等不同描述形式的概念,但不够准确。刘成于 1999 年把“特形生”这一概念做了进一步拓展，提出了“体弱、特形”的概念，意指身体超重和体重过轻。

近年来,我国学者对高校体质弱势群体现象进行了深入研究。“特殊体育”是参照“特殊教育”推演提出的教育范畴的下位概念。“特殊教育”主要面对的是残疾人群,“特殊体育”如果只是针对残疾人群的话，就忽略了一部分目前呈增长趋势的体弱、超重人群，他们的智力、心理正常且健康，他们并不为“特殊教育”所关注。因此，在体育教育领域，用上述“特殊体育”概念来划分教育对象存在明显不足。

体质与健康的要义是两个紧密联系又相互区别的概念。体质是指人体的质量，是遗传性和获得性基础上表现出来人体形态结构、生理功能和心理因素综合的、相对稳定的特征。其范畴包括：①身体的发育水平；②身体的功能水平；③身体素质及运动能力；④心理发育水平；⑤适应能力；⑥对疾病和其他有碍健康的不良应激原的抵抗能力等。

健康包括躯体健康、心理健康、社会行为健康和道德健康等 4 个方面，形成由低到高的层次结构。此研究认为，从体质发育状况的角度来研究体育特殊人群的划分标准比较科学。因此，采用“体质弱势群体”这一概念，能较好地反映出体育教育的基本特征——以身体练习为基本手段而开展的包括智力、体力在内的体育教育。

三 高校体质弱势群体的界定标准和划分

学者周二三、刘成、李秀华等（2008）在《体质弱势群体的理论构建》中的研究，是目前业界广泛认同的观念，也是界定高校体质弱势群体的标准。对“体质弱势群体”的界定包含一个充分条件和两个基本标准。充分条件是身体患有不适宜参加剧烈体育运动的疾病或身体有残障的人群。基本标准一是《国家学生体质健康标准》测试得分在 59

分以下的人群；二是身体质量指数（BMI）测试结果在以下范围的人群：BMI<18.5，或 BMI ≥ 28.0。达到以上充分条件或两个基本标准的学生群体基本可被确定为“体质弱势群体”。身体质量指数是目前国际上通用的一种衡量人的体重是否超重或肥胖症的指标，其计算公式为：身体质量指数 = 实际体重（千克）/ 身高（米）^{2}。我国学者研究认为：BMI<18.5 表示体重过低，18.5 ≤ BMI<24.0 属于正常范围，24.0 ≤ BMI<28.0 表示超重，BMI ≥ 28.0 表示肥胖症。因此，本标准的选择具有较高的可靠性。

根据学生群体的不同体质状况、运动能力和健康水平，可以将高校体质弱势群体划分为不同的类别。

1）按照体质状况划分，高校体质弱势群体可以分为三类。第一类是残疾型体质弱势学生，由于身体器官功能丧失、肢体残缺等原因，导致体育活动能力受限。第二类是病症型体质弱势学生，主要包括由于疾病或并发症等原因，导致身体素质低下，甚至可能危及生命的学生。第三类是非病理型体质弱势学生，他们可能由于过度节食、过度饮食、缺乏锻炼等原因，导致身体素质下降，运动能力较弱。

2）按照运动能力划分，高校体质弱势群体可以分为两类。一类是运动能力严重受限的学生，这部分学生在进行体育活动时，因为身体原因，无法完成正常的动作，或者因为相对运动量过大，导致身体负荷过重。另一类是运动能力较弱的学生，在进行体育活动时，又会因为运动量不足，导致身体锻炼效果不佳，或者因为运动能力不足，无法完成一些复杂的运动项目。

3）按照健康水平划分，高校体质弱势群体可以分为两类。一类是健康水平严重受损的学生，其在进行体育活动时，会因为身体原因无法完成正常的运动，或者因为身体状况不佳，增加运动伤害风险。另一类是健康水平较弱的学生，其在进行体育活动时，会因为身体状况而导致运动效果不佳，或者因为健康状况不稳定，导致运动伤害。

总的来说，高校体质弱势群体是一个复杂的群体，存在身体残疾、疾病或健康等问题，导致在体育活动中处于劣势地位。

第二节 健康教育的概念

一 健康教育的内涵和目标

健康教育，作为一门涉及多学科理论和方法的系统活动过程，旨在提高社会健康意识，提高群体健康行为，提高个体生活质量。它以传播健康信息为基础，借助传播手段来改变人群的不良行为和生活方式，以达到预防与治疗疾病，保持和增进人体健康的目的。我国学者穆俊武认为，世界卫生组织的健康定义对个人或社会来说，过去是否有过或将来是否有“身体、精神、社会都处于完好的”短暂状态是值得怀疑的。那恰恰不是也不可能是生活方式。因此，新的健康概念为“在时间、空间、身体、精神、行为尽可能达到的良好状态”。

健康教育的根本目的是防范疾病与亚健康，并对已处于疾病或亚健康状态的人群进行干预，提高其健康意识与水平。通过有效方式传播健康理念与健康知识，使学生掌握更多健康知识，树立健康意识，在实际生活中自愿采取有效措施，提高生活质量，最终成为健康生活的践行者与宣传者。

高校的健康教育，不仅会影响在校大学生的健康观念与健康行为，更会在时间的发展中影响整个社会的健康意识。学校是进行健康教育效果最好、时机最佳的理想场所，它为人们提供了一个创造健康未来的机会，是教育使命中最为基础的部分。我国当代大学生普遍有一些不健康的生活习惯，如熬夜、暴饮暴食、少运动、饮食不洁等，大学生的体质健康呈持续下滑趋势，且超重、肥胖症、近视发生率高居不下。甚至由于心理问题（如抑郁、焦虑）影响学业乃至危害生命的事例在大学生群体中也屡见不鲜。

因此，优化现有健康教育模式迫在眉睫，从生理健康教育到心理健康教育都是高校健康教育模式中不可忽视的必要因素。在学生群体的高热情下，健康教育模式创新阻力小、收效大，健康教育是提升大学生体质健康行之有效的方法。

总的来说，健康教育是一种全方位、多层次、系统化的教育模式，旨在提高人们的健康素养，改变不健康的生活方式，预防疾病和促进健康。在我国，高校作为健康教育的重要场所，应当积极探索和实施有效的健康教育模式，以提高大学生的健康水平，推动社会的健康进步。

二 健康促进的原则和方法

健康促进，源于20世纪20年代的美国，最早由温斯勒提出。其核心理念在于，通过组织社区，针对各种危险因素进行个人卫生教育，完善社会机构，以保证有利于维持并增进健康的生活水准。这一概念强调了个人、社会和环境三者的相互关系，倡导人们积极参与健康促进活动，共同维护和提高自身的健康水平。

1. 健康促进的原则

1）以人为本。健康促进应关注个体的需求，尊重个体的主体地位，充分调动个体的积极性和创造力。同时，健康促进也应关注群体的需求，注重群体的整体利益，形成全民健康共治的格局。

2）综合干预。健康促进应综合运用各种干预手段，包括健康教育、政策干预、环境改善等，以期达到最佳的健康促进效果。

3）可持续性。健康促进应注重长期效益，确保健康促进活动能够持续、有效地进行，以实现全民健康水平的持续提高。

4）社会参与。健康促进应广泛动员社会力量，鼓励社会各阶层积极参与健康促进活动，共同营造健康的社会环境。

5）个体化。健康促进应关注个体的差异性，尊重个体的选择权，为不同个体提供个性化的健康促进服务。

2. 健康促进的方法

1）健康教育。通过传播健康知识，提高人们的健康素养，促进人们养成健康的行为习惯。

2）政策干预。通过制定和实施相关政策，引导和规范人们的行为，改善社会环境，促进健康政策的落实。

3）环境改善。通过改善生活环境，提高人们的生活质量，为人们创造一个有利于健康的生活空间。

4）行为干预。通过改变不良的行为习惯，促进人们养成健康的行为方式，预防疾病的发生。

5）心理咨询。通过心理咨询，帮助人们解决心理问题，提高心理健康水平，促进整体健康水平。

总的来说，健康促进是一种综合性的、社会性的、长期性的健康促进活动，旨在通过各种干预手段，改变人们的生活方式，提高人们的健康水平，实现全民健康的目标。

三 健康教育和健康促进的关系

健康教育和健康促进是两个紧密相关但又有区别的概念。健康教育是指在教育过程中实施健康手段，对身心进行健康培育的一种教育行为，它包括思想健康教育、智力健康教育、审美健康教育等。而健康促进则强调协调人类与周边环境之间的战略，规定个人与社会对健康各自所负的责任，其宗旨是调动个人及集体的积极性，有效地利用有限的资源来促进个体和群体的健康。

两者的联系在于，健康促进是健康教育的一部分，而健康教育的最终目的也是实现健康促进。因此，它们之间彼此渗透与协调，是相辅相成的。健康促进侧重于包括学校、家庭、社区等环境的优化，以及政策和经济方面的支持，是实现体育与健康目标的重要手段。而体育则是健康促进的重要载体，体育教师是学校体育工作的具体执行者和中坚力量，具有组织实施体育教学和健康教育的双重任务。

在高校中，健康教育和体育教育是学校教育中的重要组成部分，是增进学生身体健康的重要载体。体育教研室（部）是学校中具体组织实施体育工作的部门，体育教师是学校体育工作的具体执行者和中坚力量，具有组织实施体育教学和健康教育的双重任务。体育课程和健康教育课程的有机结合，能有效传播健康知识，提高学生的健康意识。

然而，当前在高校落实和推进健康促进的过程中，效果并不明显。学校健康教育课程与体育理论课中的健康教育课程存在严重脱节的现象，在实施健康促进中体育教师偏重体育技术、技能的教学，体育理论课程所占的课时数少，体育理论中的健康课程内容形同虚设。这都是高校中普遍存在的现象，即学校体育、健康教育未能使学生形成符合时代要求的体育与健康意识和行为。

大学是人从家庭走向社会的过渡时期，也是关键的转折时期。高校的健康教育不仅会影响在校大 学生的健康观念与健康行为，更会随着时间的延伸影响整个社会的健康意识。因此，完备的健康教育模式可以促进健康环境的形成与健康事业的发展，有效提高整个国家的体育教育水平与个人健康水平。

四 高校体育健康促进的主要内容

表 2-1　高校体育健康促进的主要内容

类别	项目	具体内容
体育健康	运动风险识别 运动风险预防 运动风险救治	能够有效识别运动中危害自身安全和对方安全的行为，能够理解并做好自我保护以及避免运动风险发生的预防性措施，自己或者同伴发生运动风险后，可以及时判断风险的程度，并可以在第一时间采取合理的救助措施

续表

类别	项目	具体内容
身体健康	慢性病的预防与治疗 视力保护与矫正 体态与保护身体发育识别	了解常见慢性病的病因、类别、表现及危害，并知晓控制、预防慢性病的主要方式方法；了解并掌握视力测试、近视预防、近视矫正的方式方法；了解并掌握体态异常的原因、致病原因、矫正办法等；了解并掌握不同年龄段身体发育的基本特征和规律，能够正确对待和识别身体发育情况
生活健康	健康的生活行为与生活方式 安全应急与避险 公共卫生事件的预防	了解吸烟、喝酒对青少年身体的危害，以及熬夜对身体发育和身体机能的影响；能够掌握常见的自然灾害避险和自救方法；面临公共卫生事件时有基本的应对常识和应对措施
心理健康	心理状态正常 性格平稳 情绪稳定 能够理性看待输赢	能够了解焦虑、抑郁等常见心理问题的因素，并能够调节情绪；能够正确地对待体育比赛中的胜负
道德健康	良好的社会道德和体育道德	具备公民应该具有的基本道德要求，在体育比赛中避免出现违背体育道德的行为

第三节　体育与体育行为

一　体育与体育行为的影响因素

（一）社会文化因素

社会文化因素是影响体育与体育行为的重要因素，主要包括文化传统、价值观念。

1）文化传统是影响体育与体育行为的重要因素。每个地区都有其独特的文化传统，这些文化传统会影响人们对体育的认知和行为。例如，在我国，武术是一种重要的体育项目，其强调的“内外合一，身心统一”的理念深入人心，对人们的体育行为产生了深远影响。

2）价值观念也是影响体育与体育行为的重要因素。人们的价值观念决定了他们对体育的态度和行为。例如，在我国，人们普遍认为健康是第一位的，因此，人们在选择体育项目时，更倾向于选择那些能够锻炼身体、提高健康水平的体育项目。

社会文化因素对体育与体育行为产生了重要影响。不同的文化传统和价值观念都会对人们的体育观念和行为产生影响，进而影响整个社会体育的发展。因此，理解和研究社会文化因素，对于推动我国体育事业的发展、提高人民的体育素养具有重要的意义。

（二）心理因素

心理因素在体育与体育行为中起着至关重要的作用。这些心理因素包括认知、情绪等，它们共同影响着个人的体育行为和体育习惯的形成。

1）认知因素在体育与体育行为中起着主导作用。认知是指人们对外部世界的理解和解释，包括对体育活动本身的认知以及对体育活动过程的理解。

2）情绪因素在体育与体育行为中也起着重要作用。情绪是指人们在特定情境下产生的主观体验，包括喜怒哀乐等。情绪对体育行为有着直接的影响。当一个人处于积极的情绪状态时，他们更容易产生积极的体育态度，更愿意参与体育活动。

（三）生物因素

生物因素在体育与体育行为中起着重要的作用。其中，遗传因素和环境因素是影响个体体育行为的重要生物因素，它们共同决定了个体的生理特征和行为模式。例如，遗传因素决定了个体运动能力的高低，而环境因素则决定了个体是否能够充分利用和发挥自身的运动能力。

1）遗传因素是影响个体体育行为的重要基础。基因决定了个体运动能力的高低，这直接影响了个体在体育活动中的表现。例如，有些人天生具有较强的运动能力，他们在体育活动中往往表现出色；而有些人则相对较弱，他们在体育活动中的表现可能不如预期。此外，遗传因素还影响了个体在体育行为中的兴趣和偏好。例如，有些人天生对某种运动项目感兴趣，他们可能会更愿意参与相关的体育活动；而有些人则可能对多种运动项目都感兴趣，他们可能会更倾向于选择多样化的体育活动。

2）环境因素也对个体体育行为产生了重要影响。环境因素包括个体的家庭环境、社会环境和文化环境等，它们共同决定了个体在体育活动中的行为模式和行为习惯。例如，一个积极向上、鼓励个体参与体育活动的家庭环境，可能会培养出更多的体育爱好者；而一个对体育活动不重视、体育文化氛围不浓厚的社会环境，可能会导致个体对体育活动的参与度降低。

生物因素在体育与体育行为中的作用是需要充分考虑个体的遗传因素和环境因素，以制订合适的体育教育策略，帮助个体充分发挥和提高运动能力，培养出更多的体育爱好者。

（四）教育因素

教育因素包括但不限于教育体制、教育内容、教育方式等，对体育与体育行为产生了深远的影响。

1）教育体制是影响体育与体育行为的重要因素。在我国，体育教育长期以来一直处于较为边缘的地位。由于教育体制的限制，体育教育往往被视为文化课的附庸，其地位和重要性被严重低估。这导致了体育教育资源的严重不足，影响了体育教育的质量和效果。此外，教育体制的限制也使得体育教育难以与其他学科相协调，影响了体育教育的系统性。

2）教育内容也是影响体育与体育行为的重要因素。在我国，体育教育的内容主要集中在传统的运动项目上，如田径、篮球、足球等。这些项目的选择主要出于对升学的影响，而不是对应学生的实际需求。这导致了体育教育的内容单一，无法满足学生的多样化需求。此外，教育内容的设计也存在一定的问题，如过于注重技能训练，忽视了体育教育的本质——增强学生的身体素质和健康意识。

3）教育方式也是影响体育与体育行为的重要因素。在我国，体育教育的方式主要依赖于传统的课堂教学，这种方式存在着教学内容单一、教学方式单一、教学效果难以保证等问题。此外，体育教育的评价方式也存在问题，过于注重结果，而忽视了学生的学习过程和体验。

要想改变上述现状，我们需要从教育体制、教育内容、教育方式等多方面进行改革，以提高体育教育的质量和效果。同时，我们也需要加强对体育教育的重视，提高体育教育的地位，促进体育教育的全面发展。

（五）经济因素

经济因素是影响体育与体育行为的重要因素之一。在我国社会体育的发展中，经济因素起着至关重要的作用。一方面，经济水平的高低直接影响着社会体育的发展规模、发展水平和发展速度。另一方面，经济结构的变化也对体育与体育行为产生了影响。

1）经济水平是影响体育消费的重要因素。经济水平的提高会使更多的人有能力参与体育活动，从而推动了体育市场的繁荣。此外，随着经济的发展，体育用品也会被更多的人所接受。这些因素都使得人们的体育消费心理预期得到了改善。

2）经济结构的变化也对体育与体育行为产生了影响。我国经济结构的转型，特别是服务业的快速发展，为体育产业提供了广阔的市场空间。体育产业的发展，不仅可以提高人们的体育消费水平，还可以带动相关产业的发展，形成良性循环。

此外，经济因素还对体育政策产生了影响。政府在进行体育政策制定时，会考虑到经济因素的影响。例如，政府会通过财政投入，支持体育事业的发展。同时，政府也会通过税收政策，鼓励体育消费，进一步推动体育产业的发展。

（六）政治因素

政治因素在体育领域中起着至关重要的作用，其对体育与体育行为产生了深远的影响。

1）政治体制是影响体育发展的重要因素。我国的根本制度是社会主义制度，这决定了体育事业必须服务于广大人民群众，增强广大人民群众的体质，这为我国体育事业的发展提供了坚实的制度保障。

2）政治环境也是影响体育的重要因素。我国的政治环境稳定，政治氛围积极向上，这为体育事业的发展提供了良好的社会环境。在这种政治环境下，体育事业得到了广泛的关注和支持，各类体育活动得以顺利进行。

政治体制和政治环境为体育事业提供了坚实的制度保障和良好的社会环境，政治因素不但对体育政策产生了重要影响，还对体育行为产生了引导和规范作用。我国的政治体制和政治环境决定了体育政策必须符合国家和人民的利益，服务于社会主义事业。因此，我国体育政策注重的是全民健康，强调全民健身，推动体育事业的全面发展。

政治因素还对体育行为产生了影响。在社会主义制度下，体育行为必须符合社会主义核心价值观，积极向上，文明健康。政治因素引导和规范了体育行为，使其更加积极向上，有利于社会的和谐发展。

（七）其他因素

体育与体育行为的研究，不仅关注体育对人的身体健康的影响，同时也深入探讨了影响体育行为的各种因素。这些因素既包括自然环境、科技发展等宏观层面，也包括社会文化环境、教育制度等微观层面。

1）自然环境对体育与体育行为的影响不可忽视。一个良好的自然环境可以为人们提供舒适的锻炼环境，提高锻炼的积极性和效果。例如，户外运动可以在阳光下锻炼身体，享受大自然的美好，同时也有利于人们的心理健康。此外，自然环境中的风景和氛围也可以给人们带来愉悦的心情，从而激发锻炼的兴趣。然而，自然环境中的恶劣因素，如恶劣的天气、受污染的空气和水源等，都会对体育行为产生不利影响。因此，在设计和规划体育设施时，应充分考虑自然环境因素和锻炼场所的安全性。

2）科技发展对体育与体育行为的影响也不容忽视。科技的进步为体育提供了更多的可能性，如智能运动设备、虚拟现实技术等，这些都可以提高锻炼的趣味性和效果。同时，科技的发展也使得体育信息的获取和传播变得更加便捷，人们可以通过网络平台获取更多的体育知识和信息，从而更好地参与体育活动。然而，科技发展也带来了一些问题，如过度依赖科技、信息过载等，这些问题对体育与体育行为产生了负面影响。因此，在利用科技发展推动体育与体育行为的发展时，也需要注意这些问题，以实现科技与体育的良性互动。

3）社会文化环境对体育与体育行为的影响也是不可忽视的。社会文化环境包括社会价值观、文化传统、生活方式等，这些都会对人们的体育行为产生影响。例如，我国有着悠久的体育文化传统，如武术、太极等，这些传统体育项目已经成为我国体育文化的重要组成部分，对人们的体育行为产生了深远的影响。然而，随着社会的发展，人们的价值观和生活方式也在发生变化，这对体育与体育行为也产生了影响。因此，在理解和研究体育与体育行为时，需要充分考虑社会文化环境的影响。

4）教育制度对体育与体育行为的影响也是不可忽视的。教育制度包括学校教育、社会教育等，这些教育形式都会对人们的体育行为产生影响。例如，学校教育中的体育课程，可以培养人们的体育兴趣和习惯，提高人们的体育素养。社会教育中的体育活动，可以提高人们的体育参与度和积极性，促进体育的普及和发展。然而，教育制度中也存在一些问题，如体育教育不被重视、体育设施不足等，这些问题对体育与体育行为产生了负面影响。因此，在改革教育制度时，应充分考虑体育的因素，以实现体育与教育的有机结合。

综上所述，体育与体育行为的研究，还需要充分考虑各种因素的影响，如自然环境、科技发展、社会文化环境、教育制度等，以实现体育与体育行为的全面发展。

二 体育与体育行为的生理效应

体育活动作为一种健康的生活方式，其对人体的生理效应是多方面的。

1）体育活动可以改善心血管系统的结构和功能。长期适度的体育锻炼可以增强心肌收缩力，使心肌变得更加肥厚，从而提高心脏的工作效率。此外，体育活动还可以改善心血管系统的传导系统，使心脏的起搏和传导功能得到提高，从而降低心律失常的风险。

2）体育活动可以降低心血管疾病的风险。研究表明，适度的体育活动可以降低高血压、高血糖、高血脂等代谢综合征的发病率，从而降低心血管疾病的风险。此外，体育活动还可以降低胆固醇在血管内的沉积，减少动脉硬化的发生，从而降低心血管疾病的风险。

3）体育活动对骨骼系统的影响是显著的。通过体育锻炼，可以促进新陈代谢，加强血液供给，使骨骼粗壮、坚固。长期参加体育运动的人，骨骼的抗折、抗变、抗压缩和抗扭转等方面的机械性能可以得到改善，有利于骨骼的生长。此外，体育活动还可以增加关节的稳固性，提高关节的灵活性，对运动外伤和关节疾病起到防护作用。

4）体育活动对呼吸系统的影响也是不可忽视的。体育活动可以有效地改善人体的呼吸机能，增强呼吸肌和肺活量，提高缺氧耐受力和氧气的吸收利用率等。

5）体育活动对免疫系统的影响也是显著的。体育活动可以直接对身体的免疫系统产生刺激，使免疫系统具有更强的识别能力，产生更多的特异性抗体，提高免疫细胞的活性，从而增强人体的免疫功能。

体育活动对人体的生理系统有着全面的影响，不仅对心血管系统和免疫系统有着重要的影响，还对骨骼系统和呼吸系统有着重要的影响。因此，适当的体育活动有助于维持人体的健康，提高生活质量，是人们保持健康的重要手段。然而，我们也要注意到，虽然体育活动对人体的生理效应显著，但是过度运动也可能对身体健康产生不良影响，因此，在进行体育活动时，一定要根据自身的身体状况，合理安排运动量，以达到最佳的效果。

三　体育与体育行为的心理效应

（一）情绪效应

体育活动与情绪效应之间的关系一直是学术界关注的焦点。通过参与体育活动，个体可以从中得到乐趣、振奋精神、陶冶情操，从而产生良好的情绪状态。因此，体育活动被视为维护心理健康的重要手段。

（二）认知效应

体育活动能够促进个体的想象力、语言的发展，以及提高个体的注意力稳定性。体育活动可以调动个体脑细胞的反应，对个体的认知能力也具有显著的影响，通过提高个体的感官觉察能力、思维能力、想象力、注意力稳定性和知觉敏锐性，促进个体的全面发展。

（三）社会行为效应

1）体育活动有助于提高个体的社会行为能力。在体育活动中，个体需要承担不同的角色，如运动员、教练员、裁判员等，这些角色都需要个体具备相应的社会行为能力。例如，运动员需要具备良好的团队协作能力，裁判员需要具备公正、公平、公开的裁判能力，教练员需要具备指导、激励、组织团队的能力。通过这些角色的扮演，个体可以增强自己的社会行为能力，提高自己在社会交往中的适应能力。

2）体育活动有助于提高个体的社会交往技巧。在体育活动中，个体需要与队友、对手、裁判等各方进行沟通和交流，这有助于提高个体的社会交往技巧。例如，运动员需要学会如何在比赛中与队友配合，如何与对手进行心理战术对抗，如何与裁判进行有效沟通。这些技巧的提高有助于个体在社会交往中更好地表达自己、理解他人、建立良好的人际关系。

3）体育活动有助于促进社会行为的和谐发展。体育活动是一种非语言的交流方式，它可以通过激烈的竞争、公平的规则、合作的精神等方式，促进社会行为的和谐发展。例如，体育活动中的团队项目，需要队员之间进行密切的配合，这有助于培养队员之间的信任和合作精神。而体育活动中的公平竞争，则有助于培养队员的公平竞争意识和规则意识。这些都有助于促进社会行为的和谐发展。

4）体育活动有助于培养个体的社会责任感。体育活动是一种集体活动，它需要个体为集体的胜利而努力。在这个过程中，个体可以感受到集体荣誉和责任感，从而培养自己的社会责任感。这不仅可以帮助个体更好地融入社会，也可以帮助个体在面对困难时得到更大的社会支持。

（四）自我概念效应

体育活动对自我概念的影响，不仅体现在个体在体育活动中的表现，也体现在体育活动对个体心理的影响。通过体育活动，个体可以感受到自己的进步和成长，这有助于提高个体的自尊心和自信心。同时，体育活动也可以帮助个体认识和接受自己的不足，这有助于个体形成更全面、更准确的自我概念。

体育活动对自我概念的影响是多方面的，它可以提高个体的情绪稳定性、人际交往能力、肌肉力量和体能水平，同时也可以提高个体的自尊心和自信心。通过体育活动，个体可以形成更清晰、更准确的自我概念，从而更好地适应社会，提高个体的心理健康水平。因此，我们应该积极参与体育活动，通过体育活动来提高自我概念，增强自信心。

（五）其他心理效应

体育活动对心理过程的影响是多方面的，除了如前文所述的情绪效应、认知效应、社会行为效应、自我概念效应等，体育活动还可以对注意力、记忆力等心理过程产生积极的影响。

1）体育活动对注意力的影响是显著的。体育锻炼需要参与者高度集中注意力，尤其在进行竞技性项目时，需要对比赛中的各种信息进行快速处理和分析，这有助于提高注意力的集中度和持久度。研究表明，经常参加体育锻炼的人，其注意力水平普遍较高，能够更有效地处理和吸收信息。

2）体育活动对记忆力的影响也是明显的。体育锻炼可以提高大脑的新陈代谢，促进神经元的生长和连接，从而提高记忆力。此外，体育锻炼还可以通过改善心肺功能，增加血液循环，提高大脑的氧气供应，进而增强记忆力。研究表明，长期进行有氧运动的人，其记忆力明显优于不进行体育锻炼的人。

3）体育活动还可以对自我认知产生影响。通过参与体育活动，个体可以更好地了解自己的身体和心理状况，提高自我认知水平。例如，在进行体育运动时，个体需要面对自己的身体能力、技巧水平、心理素质等方面的挑战，这有助于提高自我认知的深度和广度。

4）体育活动还可以对自我评价产生影响。体育锻炼可以提高个体的自尊心和自信心，使他们对自己的能力和价值有更积极的评价。研究表明，经常参加体育锻炼的人，其自尊心和自信心普遍较高，对自己的能力和价值有更积极的评价。

第三章

受众差异视域下高校体质弱势群体健康教育现状及启示

第一节

体质弱势群体健康教育的发展历程

体质弱势群体健康教育的发展历程可以追溯到我国教育改革和发展的初期阶段。在这个阶段，我国的教育政策以提高国民素质，培养社会主义建设者和接班人为主要目标，体质弱势群体健康教育并未被特别重视。然而，随着我国教育体制的改革和发展，尤其是2000年以后，国家对全民健康的高度重视，体质弱势群体健康教育开始逐渐被重视。

2006年，国家颁布了《中共中央关于构建社会主义和谐社会若干重大问题的决定》，明确提出要提高全民健康水平，要关注和改善体质弱势群体的健康状况。这一决定为体质弱势群体健康教育的发展提供了政策依据。

2009年，国家颁布了《全民健身条例》，明确提出了要加强对体质弱势群体体育健身的指导和帮助。这一条例为体质弱势群体健康教育的发展提供了法律依据。

2010年，国家颁布了《国家中长期教育改革和发展规划纲要（2010—2020年）》，明确提出了要加强学生体质健康教育，提高学生的体质素质。这一规划纲要为体质弱势群体健康教育的发展指明了方向。

2016年，国家颁布了《"健康中国2030"规划纲要》，明确提出了要加强全民健康教育，特别是针对体质弱势群体的健康教育。这一规划纲要为体质弱势群体健康教育的发展提供了新的动力。

从2006年到2016年，国家对体质弱势群体健康教育的发展进行了长期的探索和实践，取得了一定的成果。然而，与发达国家相比，我国在体质弱势群体健康教育的发展上还存在一定的差距。

未来，我国应该继续加大对体质弱势群体健康教育的研究和投入，完善相关的法律法规和政策，建立科学合理的教育体系，提高教育质量，为我国全民健康事业的发展做出更大的贡献。

第二节 高校体质弱势群体健康教育现状

一 高校体质弱势群体健康教育存在的问题

在我国高校中，体质弱势群体由于生理或心理上的特殊原因，往往存在各种健康问题。然而，由于种种原因，这些群体的健康教育仍然存在许多问题。

1）高校对体质弱势群体健康教育的重视程度不够。许多高校没有设立专门针对体质弱势群体的健康教育课程，也没有制订相关的教学计划和教学大纲。这导致了这些群体的健康教育缺乏系统性和针对性。

2）高校体质弱势群体健康教育的师资力量不足。由于缺乏专业的健康教育人才，许多高校无法提供高质量的体质弱势群体健康教育服务。这不仅影响了教育质量，也限制了这些群体的健康教育发展。

3）高校体质弱势群体健康教育的教学内容和方法单一。许多高校的健康教育课程内容单一，教学方法死板，无法激发学生的学习兴趣，也无法满足他们的个性化需求。

4）高校体质弱势群体健康教育的考核方式不科学。许多高校的健康教育考核方式过于简单，无法准确评估学生的学习效果，也无法客观评价学生的学习成果。

总的来说，我国高校体质弱势群体健康教育存在的问题主要表现在学校重视程度不够、师资力量不足、教学内容和方法单一，以及考核方式不科学等方面。这些问题需要我们进一步解决，以提高高校体质弱势群体健康教育的质量和效果。

二 影响高校体质弱势群体健康教育效果的因素

（一）家庭背景因素

家庭背景与健康教育是影响个体健康的重要因素，对于高校体质弱势群体来说，家庭背景的不同可能导致他们在健康教育中的需求和接受程度存在差异。

1）家庭经济条件较好的学生可能拥有更好的环境和资源，如更健康的饮食习惯、更频繁的体育锻炼和更全面的医疗保健。这些因素都有助于他们在健康教育中取得更好的效果。然而，这些学生也可能因为家庭环境的优越，导致他们对于健康教育的认识和重视程度不足，需要教育者进行更多的引导和督促。

2）经济条件较差家庭的学生会面临更多的经济压力和条件局限，如营养不良、锻炼资源缺乏、医疗保健投入有限等。这些因素都可能影响他们在健康教育中的参与度和效果。因此，针对这些学生，教育者需要提供更多的支持和帮助，如提供免费或优惠的体育设施，提供定期的免费健康检查和咨询服务，以及提供更多的学习资源和机会。

3）家庭背景也可能影响学生对于健康教育的接受程度和方式。例如，来自普通家庭的学生，可能更倾向于接受大众化的健康教育方式，如通过家庭教育、学校教育等。而来自经济条件宽裕家庭的学生，可能更愿意接受个性化的健康教育方式，如定制课程、私人教练等。

总的来说，家庭背景是影响高校体质弱势群体健康教育的重要因素。教育者需要根据学生的家庭背景，采取不同的策略和方法，以提高他们的健康教育效果。同时，也需要社会各界的支持和参与，共同营造一个有利于体质弱势群体健康成长的教育环境。

（二）社会支持因素

社会支持在健康教育中起着至关重要的作用，包括政府和家庭等多方面的支持。

1）政府是健康教育的重要支持者。政府应当制定相关的健康教育政策，将健康教育纳入国家发展战略，将健康教育经费纳入国家财政预算，将健康教育纳入国家教育体系，将健康教育纳入国家公务员培训体系。同时，政府还应当加强对健康教育的监督和管理，确保健康教育的实施质量。

2）家庭是健康教育的重要环境。家庭应当创造良好的健康教育氛围，关注家庭成员的健康状况，支持家庭成员的健康行为，参与家庭成员的健康活动。同时，家庭还应当加强对健康教育知识的宣传和普及，提高家庭成员的健康素养。

三 高校教育体制在健康教育方面的调整和优化

在我国的高等教育体制中，体质弱势群体由于生理原因，其健康教育需求和健康教育方式与其他学生存在一定的差异。因此，高校教育体制在健康教育方面需要做出相应的调整和优化，以满足体质弱势群体的特殊需求。

1）高校教育体制应当重视体质弱势群体的特殊教育需求，制定有针对性的健康教育政策和措施。这包括制订适合体质弱势群体的健康教育课程，注重体育教学内容的多样性和个性化，以及提供针对性的健康咨询服务。此外，高校教育体制还应当加强教师队伍建设，提高教师的特殊教育能力和健康教育水平，以确保健康教育的质量和效果。

2）高校教育体制应当重视体质弱势群体的心理健康教育。由于体质弱势群体往往面临一定的生活压力和社会歧视，其心理健康状况相对较差。因此，高校教育体制相关部门应当建立健全心理健康教育机制，为体质弱势群体提供及时有效的心理健康支持和服务。这包括设立专门的心理健康咨询机构，提供心理健康教育和心理咨询服务，以及开展心理健康教育活动，提高体质弱势群体的心理健康水平。

3）高校教育体制应当注重体质弱势群体的健康生活方式教育。体质弱势群体由于生理原因，其生活方式往往受到一定的限制。因此，高校教育体制应当引导体质弱势群体树立科学健康的生活方式，提高其自我保健意识和自我管理能力。这包括开设健康生活方式教育课程，提供健康生活方式指导和服务，以及开展健康生活方式实践活动，促进体质弱势群体的健康生活方式的形成和巩固。

4）高校教育体制应当注重体质弱势群体的社会融合教育。体质弱势群体由于生理原因，其社会融合能力往往受到一定的限制。因此，高校教育体制应当通过开展社会融合教育，帮助体质弱势群体融入社会，提高其社会适应能力和生活质量。这包括开设社会融合教育课程，提供社会融合教育指导和服务，以及开展社会融合实践活动，促进体质弱势群体的社会融合能力的提升。

高校教育体制在健康教育方面需要充分考虑体质弱势群体的特殊需求，制订针对性的健康教育措施，加强教师队伍建设，提高教师的特殊教育能力和健康教育水平，建立健全心理健康教育机制，引导体质弱势群体树立科学健康的生活方式，注重社会融合教育，提高体质弱势群体的社会适应能力和生活质量。只有这样，才能真正实现高校教育体制的健康教育目标，为体质弱势群体提供有效的健康教育服务。

四 高校体育教育在促进体质弱势群体健康教育中的作用

高校体育教育作为提高学生体质水平的重要手段，对体质弱势群体健康教育具有重要的意义。体质弱势群体往往由于先天或后天的原因，其身体状况相较于普通人群更为脆弱，需要更加注重健康教育。高校体育教育具有多种功能，不仅能够提高学生的体质水平，而且对于体质弱势群体来说，更是提高健康水平、改善生活质量的重要途径。高校体育教育在促进体质弱势群体健康教育中起着至关重要的作用。

1）高校体育教育可以提高学生的体质。体质，是人体的质量，它是在遗传性和获得性基础上表现出来的人体形态结构、生理功能和心理因素的综合的、相对稳定的特征。对于体质弱势群体来说，他们往往存在一定程度的体质缺陷，需要通过体育教育来提高其体质水平。体育教育可以通过各种体育项目，如田径、游泳、篮球等，来锻炼学生的力量、速度、耐力等身体素质，从而提高其体质水平。

2）高校体育教育可以改善体质弱势群体的生活质量。体质弱势群体往往由于身体状况的原因，其日常生活和运动受到限制，生活质量较低。而高校体育教育可以为他们提供更多的锻炼机会，改善其生活质量。例如，学校可以开设一些适合体质弱势群体的体育项目，如瑜伽、太极等，来帮助他们锻炼身体，提高生活质量。

3）高校体育教育可以增强体质弱势群体的社会适应能力。体质弱势群体在社会生活中往往面临一些困难，如教育、就业等。而高校体育教育可以为他们提供更多的社会交流机会，增强其社会适应能力。例如，学校可以组织一些体育活动，让体质弱势群体与其他学生进行交流，提高其社会适应能力。

五 高校体育教育在促进体质弱势群体健康教育中存在的问题

（一）教育内容不足

当前高校体育教育内容过于单一，过于注重技能训练，忽视了学生的身体健康和心理健康，无法提供足够多样化的体育活动供体质弱势群体选择，无法满足体质弱势群体的特殊需求。这些体质弱势群体可能由于身体缺陷、疾病或其他原因而无法参加一些常规的体育锻炼活动，也失去了一些参与体育锻炼的机会。

1）教育内容缺乏针对性和实用性。许多高校体育课程只是简单地进行一些基础的运动训练，而没有针对体质弱势群体的特点进行针对性的训练。

2）教育内容缺乏创新性。部分高校体育教育仍然停留在传统的教学方式上。体育课程只是简单地进行一些基础的运动训练，而没有结合现代科技手段，如虚拟现实技术等进行创新性的教育。

（二）教育方法单一

一是传统教育方法占主导地位，许多高校体育课程仍然采用传统的教学方法，如教师讲解、示范、练习等，这种教育方法容易让学生感到枯燥乏味，缺乏趣味性。二是缺乏个性化教育方法，许多高校体育课程缺乏个性化教育方法，没有针对不同特点的学生进行个性化的教育，一些学生可能需要更多的个性化指导，而目前的教育方法无法满足这些需求。

在当前的高校体育教育中，教育方法单一的问题愈发突出。单一的教育方法无法满足学生的个性化需求，也无法有效激发学生的学习兴趣，方式过于单一、缺乏多样性和趣味性等问题难以激发学生的积极性和参与度，这在一定程度上制约了高校体育教育在促进体质弱势群体健康教育方面的效果。

1）单一的教育方法难以适应学生的个体差异。学生的兴趣、特长和需求各不相同，单一的教育方法往往无法满足这些差异，容易导致学生的学习积极性不高，影响其对体育课程的参与度。例如，一些学生可能对传统的体育项目不感兴趣，而更喜欢新颖的、具有挑战性的体育项目。然而，当前高校体育教育中，很多教育方法仍然停留在传统的教学模式，缺乏创新，这无疑限制了学生的个性化发展。

2）单一的教育方法无法有效激发学生的学习兴趣。兴趣是最好的老师，对于体质弱势群体来说，更是如此。他们往往需要通过积极地参与体育活动，来提高身体素质，改善健康状况。然而，当前高校体育教育中，很多教育方法过于枯燥，难以引起学生的兴趣。例如，一些传统的体育项目，如长跑、游泳等，虽然可以提高学生的身体素质，但往往缺乏趣味性，容易让学生产生厌倦感。这种情况下，学生的学习兴趣很难得到激发，也就难以实现体质弱势群体健康教育的目标。

3）单一的教育方法不利于学生的全面发展。体育教育不仅应关注学生的身体素质，还应关注其心理健康、社交能力等多方面的素质。然而，当前高校体育教育中，很多教育方法过于单一，仅关注学生的身体素质，忽视了其他方面的教育。这种情况下，学生的全面发展将受到限制，体质弱势群体健康教育的目标也将难以实现。

当前高校体育教育方法单一的问题，已成为制约体质弱势群体健康教育效果的重要因素。因此，有必要对高校体育教育方法进行创新，以适应学生的个性化需求，激发学生的学习兴趣，促进学生的全面发展。这不仅有助于提高体质弱势群体健康教育的效果，也有助于推动我国高校体育教育的改革和发展。

第三节

国内外高校体质弱势群体健康教育研究启示

在国外，高校体质弱势群体健康教育已经得到了广泛的关注和研究。许多国家已经开始采取措施，以改善这些学生的体质健康状况。例如，美国、加拿大、澳大利亚等发达国家已经将体质弱势群体健康教育纳入了国家教育政策中，通过立法、政策引导和资金投入等方式，推动了高校体质弱势群体健康教育的实施。

从国际视野来看，许多国家在大学阶段开设了针对体质弱势群体的健康教育课程，旨在帮助这些学生克服体质上的劣势，提高体质健康水平，缓解心理压力，提高他们的生活质量和心理健康。这些课程通常包括康复训练、心理辅导、运动疗法等内容。在具体的教学实践中，国外高校注重培养学生的自我管理能力和自主锻炼意识。他们通过开设健康教育课程、举办健康促进活动、提供健康咨询服务等方式，帮助学生了解和掌握健康知识，提高健康素养，从而改善体质健康状况。此外，他们还注重培养学生的团队合作精神和社交能力，通过组织各种体育活动，让学生在锻炼身体的同时，也能学会与他人合作，培养良好的团队精神。

国外的高校在体质弱势群体健康教育方面具有许多值得我们借鉴的地方。例如，在课程设置上，注重理论与实践的结合，注重学生的个性化需求，使得教学效果更加显著。在教师培训方面，他们注重教师的专业素质和教学能力的提升，使得教师在教学过程中能够更好地满足学生的需求。

在我国，虽然高校对于体质弱势群体的健康教育问题也给予了足够的重视，但在具体实施过程中，还存在一些问题。一些高校对于体质弱势群体的健康教育课程设置不够完善，缺乏连续性和系统性，导致学生的学习效果不佳。首先，健康教育的普及程度不够，许多学生对健康教育的认识还不够深入，缺乏自我管理能力和自主锻炼意识。其次，健康教育的内容和方式需要进一步改进，目前的健康教育课程往往过于理论化，缺乏实践性，不能有效地提高学生的健康素养。最后，健康教育的师资力量不足，缺乏专业的健康教育师资，无法提供高质量的健康教育服务。

因此，我国高校应该借鉴国外的成功经验，加大对体质弱势群体健康教育的投入，提高健康教育的普及程度和质量，培养学生的自我管理能力和自主锻炼意识，从而改善他们的体质健康状况。同时，高校也应该注重培养学生的团队合作精神和社交能力，帮助他们更好地融入社会，提高生活质量。

基于此，我们可以对我国高校体质弱势群体健康教育进行如下改革。

1）教师在课程设计上需要充分考虑学生的个体差异性。由于体质弱势学生往往有着不同的身体状况和体能水平，因此在课程设置上，教师需要有针对性地进行设计，以满足他们的实际需求。高校可以结合自身的实际情况，制订和实施个性化的健康运动处方教学，以满足不同学生的需求。同时，高校还可以加强校园文化建设，营造一个有利于体质弱势群体健康发展的环境。

2）教师在教学过程中需要注重学生心理品质的教育。体质弱势学生往往有着较大的心理压力，因此在教学过程中，教师需要注重心理健康教育，帮助学生克服困难，建立正确的人生观、价值观和世界观。再者，教师在教学过程中需要注重培养学生积极乐观的生活态度和顽强的意志品质。这些品质对于参与体育学习和锻炼非常重要，也是体质弱势群体健康发展的重要因素。

3）教师在教学过程中需要注重与学生之间的互动交流。由于体质弱势学生往往有着不同的学习能力和学习习惯，因此在教学过程中，教师需要注重与学生之间的互动交流，在课程设计、教学过程、学生心理品质教育等方面提高教学效果。在受众差异视域下，高校体质弱势群体健康教育的实践策略需要教师进行综合考虑，以提高教学效果，真正有效改善体质弱势群体的体质健康水平，以提高教学效果。

4）从实践应用的角度来看，高校应当重视体质弱势学生的健康教育，并采取一系列有效措施来提高他们的身体素质。比如，高校可以加强对体育教师的培训，提高他们的专业水平和教学能力，使他们能够更好地满足学生的体育学习和锻炼指导需求。此外，高校还可以引进专门的体育保健康复教师，优化体育教师资源配置，以解决体育教师紧缺的问题。

5）从政策建议的角度来看，政府和相关部门应当加大对高校体质弱势群体健康教育的支持力度。比如，政府可以制定和实施体质弱势群体学生健身的相关要求，为高校提供充足的支持。同时，高校还可以与体育部门合作，共同推进高校体质弱势群体健康教育的改革和发展。

第四章

基于问题导向的高校体质弱势群体的差异性研究

高校学生由于学习压力大，导致其体质状况并不理想。体质弱势群体在高校中普遍存在，这是一个不容忽视的问题。体质弱势群体是指在身体素质、体能、运动能力等方面存在明显缺陷的人群。

1）从理论层面来讲，体质弱势群体在高校中的普遍存在揭示了现代社会中教育体制和人才培养机制的弊端。传统的应试教育模式忽视了学生的身体素质和全面发展，导致体质弱势群体在高校中不断增加。通过对这一现象的研究，我们可以深入探讨教育体制和人才培养机制的改革，为构建更加科学、合理、有利于学生全面发展的教育体系提供参考。

2）从实践意义来讲，对高校体质弱势群体进行研究有助于提高学生的身体素质，改善他们的生活品质。体质弱势群体往往因为身体素质低下而受到歧视和边缘化，这对其心理健康和自尊心造成严重影响。通过对这一群体的研究，我们可以提出针对性的改善措施，如加强体育锻炼、提供健康饮食等，从而提高他们的身体素质，改善其生活质量。

3）对高校体质弱势群体进行研究还有助于提高社会对这一群体的关注度和理解度。目前社会上还存在对体质弱势群体持有偏见和歧视的现象，这对其融入社会造成严重障碍。通过对这一群体的研究，我们可以大大减少社会对他们的偏见，提高社会对他们的关注度和理解度，从而为他们创造更加公平、包容的社会环境。

综上所述，体质弱势群体在高校中的普遍存在是一个不容忽视的问题。对其进行研究有助于我们深入探讨教育体制和人才培养机制的改革，提高他们的身体素质，改善他们的生活品质，减少社会对他们的偏见，提高社会对他们的关注度和理解度，具有重要的理论价值和实践意义。

第一节 高校体质弱势群体的体育教育的差异性

高校体质弱势群体的体育教育的差异性主要体现在其体能水平、心理素质两方面。

1）在体能水平方面，高校体质弱势学生往往在体能、耐力、爆发力和灵活性等方面表现不佳。这可能与其生理特点、生活习惯和锻炼不足等因素有关。例如，一些学生可能由于遗传因素导致身体素质先天不足，而另一些学生可能由于久坐、缺乏锻炼等原因导致身体素质下降。

2）在心理素质方面，高校体质弱势学生往往表现出自信心不足、自律性和自我管理能力差等问题。这可能与他们的成长经历、教育背景和心理压力等因素有关。例如，一些学生可能由于家庭背景、社会环境等原因导致心理压力较大，从而影响了他们的体育锻炼和自我管理能力。

学校应该采取一系列积极措施来改善体质弱势学生的体质健康状况，使他们加强体育锻炼，进而提高他们的心理素质，促进他们的身心健康。首先，学校应该加强对体质弱势学生的体育锻炼指导，提供更多的体育锻炼机会和设施，鼓励学生积极参加体育锻炼。其次，学校应该加强对体质弱势学生的心理素质培养，提供更多的心理辅导和咨询服务，帮助学生建立自信心，提高自律性和自我管理能力。最后，学校还应该加强对体质弱势学生的健康教育，提高学生的健康意识和自我保健能力，从而促进体质弱势学生的身体健康。

第二节 基于问题导向的差异性研究

一 问题导向

探讨我国高校体质弱势群体的差异性旨在回答以下 5 个方面的问题：

①高校体质弱势群体的现状如何？

②高校体质弱势群体的比例及分布情况如何？

③高校体质弱势群体与其他群体的差异表现在哪些方面？

④高校对体质弱势群体的教育政策是否充分？

⑤高校如何为体质弱势群体提供有效的教育支持？

二 研究方法

本书主要采用文献综述、问卷调查和访谈等方法。

1）通过文献综述法，收集和整理相关法律法规、政策文件和研究报告，以了解我国高校对体质弱势群体的教育政策、规定和措施。

2）通过问卷调查法，设计针对我国高校体质弱势群体的调查问卷，以了解他们的生活、学习、心理压力等方面的情况。

3）通过访谈法，对高校教师、学生和相关部门的工作人员进行深入访谈，以了解他们对体质弱势群体的认识、态度和看法，以及高校在支持体质弱势群体方面的工作效果。

本书将通过对上述问题的深入研究，预揭示我国高校体质弱势群体的现状、差异性和支持措施，为相关政策制定和高校教育改革提供参考。

三 数据来源

本书的数据主要来源于问卷调查和访谈。问卷调查是通过向高校体质弱势群体发放问卷，收集其对于体质弱势群体差异性的看法和意见。

在研究对象的选取上，本书主要针对我国高校在校生进行调查。考虑到高校学生的年龄、性别、专业等因素，我们按照高校学生的年级、性别、专业等特征进行分层抽样，并遵循了随机抽样的原则，确保了样本的代表性。

样本的抽取方法和数量如下：首先，根据我国高校在校生人数，按照年级、性别、专业等特征，计算出各层应抽取的人数。然后，采用简单随机抽样法，从各年级、各专业和不同性别的学生中随机抽取相应的人数，组成最终的样本。

样本涵盖了我国高校在校生中各年级、各专业和不同性别的学生，具有较强的代表性。通过对样本的调查，我们可以较为全面地了解我国高校体质弱势群体身心健康的差异性，为高校体质弱势群体的教育和干预提供理论依据。

问卷调查设计了针对高校体质弱势群体的调查问卷。问卷内容包括基本信息、体质健康指标、情绪状况、适应状况等方面，旨在了解高校体质弱势群体的身心状况。在设计问卷的过程中，我们充分考虑了高校学生的特点，确保问卷内容简洁明了，易于被学生理解和填写。

在数据分析的过程中本书运用了描述性统计、t 检验、One-Way ANOVA 等方法，对样本的体质健康指标、情绪状况、适应状况等方面进行了统计分析。通过这些分析，显现了高校体质弱势群体学生在体质健康、情绪状况、适应状况等方面的差异性。

四 研究变量和测量方法

本书采用的研究变量包括体能测试、问卷调查和访谈。体能测试主要是对学生的身体素质进行评估，测试项目是依据《国家学生体质健康标准》制订，旨在全面评估学生的体能状况。

1）问卷调查是通过设计一系列针对性强的问卷，了解学生的体能、心理和社会适应等方面的差异。问卷设计主要包括个人基本信息、体能测试结果、心理状况、社会适应能力等方面的问题。

2）访谈是通过与学生进行面对面的交流，了解他们在体能、心理和社会适应等方面的情况。访谈内容主要包括学生的体能训练经历、体能训练的效果、心理状况、社会适应能力等。

3）测量方法的选择是为了保证本书的科学性和客观性。体能测试、问卷调查和访谈都是常用的研究方法，具有较高的可靠性和效度。通过对这些研究方法的综合运用，可以全面了解高校体质弱势群体的差异性，为制订针对性的体能训练计划提供科学依据。

五 问卷调查设计

为了深入了解普通高校体质弱势群体的健康行为，我们进一步开展了健康行为问卷调查。问卷主要涵盖了饮食、运动、睡眠、吸烟、饮酒等方面，旨在了解他们的健康行为和生活习惯。问卷内容主要包括以下几个方面。

（一）基本信息

这一部分主要收集参与调查的学生的基本信息，如性别、年级、专业、家庭住址等。这些信息有助于了解调查对象的背景信息，为后续分析提供基础。

（二）健康饮食

饮食是影响身体健康的重要因素之一。本部分主要调查学生在早餐、午餐、晚餐等方面的饮食情况，包括是否按时进食、早中晚餐是否规律、是否吃零食等。

（三）作息规律

良好的作息习惯有助于保持身体健康。本部分主要调查学生生活起居方面的作息情况，包括睡眠时间、起床时间、是否规律锻炼、是否熬夜等。

（四）生活习惯

除了饮食和作息，生活习惯也是影响身体健康的重要因素。本部分主要调查学生是否吸烟、是否饮酒、是否按时吃三餐、是否爱吃油腻食物等方面的生活习惯。

（五）课余活动

课余活动对学生的身心健康也有很大影响。本部分主要调查学生在课余时间的主要活动，包括是否参与体育锻炼、是否参加社团活动、是否沉迷于网络游戏等。

（六）心理压力

心理压力是影响身体健康的重要因素之一。本部分主要调查学生在心理压力方面的感受，包括是否感到压力、压力的来源、应对压力的方法等。

（七）健康意识

健康意识是影响学生保持健康的重要因素。本部分主要调查学生在健康方面的认识，包括对健康的重视程度、是否了解自己的健康状况、是否关注健康信息等。问卷的结果也有助于提高学生对健康的认识，促进他们养成良好的生活习惯，从而提高学生的身体健康水平。

1）在饮食方面，我们发现大部分学生三餐不规律，导致营养摄入不均衡，这对他们的身体健康造成了严重影响。

2）在运动方面，我们发现只有少部分学生能够坚持锻炼，大部分学生因为各种原因，如缺乏兴趣、没有时间、没有场地等，导致锻炼不足。这对于提高他们的身体素质和预防疾病是非常不利的。

3）在睡眠方面，我们发现大部分学生的睡眠质量不高，睡眠时间不足，而且有熬夜、失眠等现象。这不仅影响了他们的学习和生活质量，也对他们的身体健康造成了威胁。

4）在吸烟和饮酒方面，我们发现有相当一部分学生有吸烟和饮酒的习惯，尤其是男生，这可能是导致他们体质下降的一个重要原因。

通过问卷调查，我们发现普通高校体质弱势群体在饮食、运动、睡眠、吸烟、饮酒等方面存在很多问题，这对他们的身体健康造成了很大的影响。因此，我们需要采取有效措施，帮助他们改善这些不良习惯，提高他们的健康水平。

首先，学校应该提供更多的体育锻炼设施和场地，鼓励学生积极参加体育锻炼，为学生加强体育锻炼创造有利环境。其次，学校应该制订合理的作息时间，让他们有充足的休息时间，保证学生的睡眠质量。最后，学校和社会应该加强对学生的饮食管理，提供营养均衡的膳食，鼓励学生少吃零食，少吃垃圾食品，保证他们的饮食健康。

为了深入了解这一群体的差异性，问卷调查表还包括个人基本信息、家庭关系、学习状况、身体形态、适应状况、学校关心以及自我评价等方面的调查内容。通过这些问题的设置，可以更全面地了解普通高校体质弱势群体的健康状况，为后续的分析和研究提供基础数据。

问卷调查表

（一）基本信息

1. 性别：

A. 男　　B. 女

2. 年级：

A. 大一　　B. 大二　　C. 大三　　D. 大四

3. 专业大类：

A. 理工科　　B. 人文社科

4. 父母受教育程度：

父亲：A. 初中及以下　　B. 高中 / 中专　　C. 大专　　D. 本科及以上

母亲：A. 初中及以下　　B. 高中 / 中专　　C. 大专　　D. 本科及以上

5. 家庭经济状况：

A. 非常困难　　B. 困难　　C. 一般　　D. 良好　　E. 较好

（二）学习状况

6. 成绩排名：

A. 班级前 10%　　B.10%~30%　　C.30%~50%　　D.50%~80%　　E. 班级后 20%

7. 学习压力：

A. 非常大　B. 较大　C. 适中　D. 较小　E. 无

（三）身体形态

8. 身体质量指数：

A.BMI ＜ 18.5　B.18.5 ≤ BMI<24.0　C.24.0 ≤ BMI<28.0　D.BMI ≥ 28.0

9. 身体异常：

A. 有　B. 没有

（四）适应状况

10. 人际关系：

A. 非常不适应　B. 比较不适应　C. 适应　D. 比较适应　E. 非常适应

11. 独立自主生活能力：

A. 完全不能　B. 比较不能　C. 适中　D. 比较能　E. 完全能

（五）学校关心

12. 教师关心：

A. 完全不关心　B. 比较不关心　C. 适中　D. 比较关心　E. 非常关心

13. 同学关心：

A. 完全不关心　B. 比较不关心　C. 适中　D. 比较关心　E. 非常关心

14. 学校设施：

A. 非常不足　B. 比较不足　C. 适中　D. 比较充足　E. 非常充足

（六）自我评价

15. 自我评价：

A. 非常不满意　B. 比较不满意　C. 适中　D. 比较满意　E. 非常满意

16. 改善意愿：

A. 完全没有　B. 比较没有　C. 适中　D. 比较有　E. 强烈

问卷调查表共包含四个部分，分别是个人基本信息、体质状况、健康行为和生活环境。在个人基本信息部分，主要收集了学生的性别、年龄、专业、年级等信息，以便对样本进行统计分析。在体质状况部分，主要调查了学生的身高、体重、身体质量指数等，以了解他们的体质状况。在健康行为部分，主要调查了学生的生活方式、饮食习惯、运动习惯等，以了解他们的健康行为。在生活环境部分，主要调查了学生所在宿舍的居住条件、学校的设备设施等，以了解他们的生活环境。

在收集完所有信息后，对各个指标进行描述性统计，包括频数分布、平均值、标准差等，以了解各个指标的基本情况。同时，对各个指标进行相关性分析，以了解各个指标之间的关联性。通过这些分析，可以得出高校体质弱势群体在体质状况、健康行为和生活环境等方面的特点和差异。

此外，需要对问卷调查表进行调整和优化，以提高调查的有效性和实用性。根据学生的反馈，调整问卷的内容和结构，使其更符合学生的实际情况。增加一些新的调查项目，以便更全面地了解高校体质弱势群体的健康状况。通过这些调整和优化，使问卷调查表更有效发挥了解高校体质弱势群体差异性的重要作用。

六 数据分析方法

常用的数据分析方法包括描述性统计、相关性分析、回归分析等。

1）描述性统计是分析数据的基本方法。通过描述性统计，我们可以了解数据的集中趋势、离散程度和分布形态，从而对数据有一个初步的认识。例如，我们可以通过计算平均值、中位数、众数等指标，了解高校体质弱势群体的体质健康状况的整体水平。此外，我们还可以通过绘制直方图、箱线图等图形，直观地展示数据的分布情况，以便更好地理解和分析数据。

2）相关性分析是研究变量之间关系的方法，可以分析经济弱势群体和生理弱势群体在体质健康状况上的相关性，以了解这两个弱势群体在体质健康方面是否存在某些共同的特点或问题。

3）回归分析是研究变量之间因果关系的有效方法，可以分析家庭经济困难、生理缺陷等因素对高校体质弱势群体体质健康状况的影响，以了解这些因素在体质健康方面的作用机理。

七 研究结论分析

（一）高校体质弱势群体的基本特征

高校体质弱势群体是我国高校中一类特殊的群体，具有以下基本特征：体能水平低下、心理素质脆弱、社交能力不足。

1）从体能水平来看，高校体质弱势群体往往存在着明显的体能水平低下的情况。他们可能存在生理残疾、身材矮小、相貌缺陷、智力低下等问题，这些问题导致他们在体能测试中的表现不尽如人意，甚至考核不达标。比如，他们可能无法完成一些基本的体育项目，如长跑、短跑、引体向上等，这使得他们在体质测试中的得分普遍较低。

2）从心理素质来看，高校体质弱势群体往往存在着心理素质脆弱的问题。他们可能由于生理缺陷、身材矮小、相貌缺陷等原因，导致他们在日常生活中面临着巨大的压力和挑战。这种压力和挑战往往会使他们的心理素质变得脆弱，容易产生自卑、抑郁、焦虑等负面情绪。

3）从社交能力来看，高校体质弱势群体往往存在着社交能力不足的问题。由于体能水平低下、心理素质脆弱等原因，可能导致他们在日常生活中无法很好地融入社会，无法很好地与他人进行沟通和交流。这使得他们在社会交往中往往处于弱势地位，容易受到他人的歧视和排挤。

总的来说，高校体质弱势群体是我国高校中一类特殊的群体，他们面临着诸多生理、心理和社会方面的挑战。他们需要得到更多的关注和支持，以便能够更好地融入社会，实现自我价值。

（二）高校体质弱势群体差异性的影响因素

高校体质弱势群体是指在高校中由于各种原因而处于体质较差状态的人群。这些群体的差异性表现在他们的体质状况、身体机能、健康状况等方面。那么，是什么因素影响了高校体质弱势群体的差异性呢?

1）社会经济水平是影响高校体质弱势群体差异性的一个重要因素。社会经济水平较高的学生往往有更多的机会参加体育锻炼，获得更好的体育设施和培训，从而提高他们的体质水平。而社会经济水平较低的学生则可能面临更多的经济和时间压力，难以参加体育锻炼，从而导致体质状况的下降。

2）家庭背景也是影响高校体质弱势群体差异性的因素之一。家庭背景较好的学生往往更注重营养和保健，从而有利于身体的健康和体质的提高。而家庭背景较差的学生则可能对营养和保健不够重视，从而导致体质状况的下降。

3）教育经历也是影响高校体质弱势群体差异性的因素之一。教育经历较好的学生往往能够接受更好的体育教育和培训，从而提高他们的体质水平。而教育经历较差的学生则可能缺乏体育教育和培训的机会，从而导致体质状况的下降。

4）高校体质弱势群体差异性的影响因素还包括性别、年龄、地域等因素。例如，男性往往比女性更倾向于参加体育锻炼，从而有利于体质的提升。而年龄较小的学生往往缺乏锻炼经验和技能，容易导致体质状况的下降。地域差异也会影响高校体质弱势群体差异性。

综上所述，高校体质弱势群体差异性的影响因素很多，主要包括社会经济水平、家庭背景、教育经历、性别、年龄、地域等因素。了解这些因素有助于我们更好地解决高校体质弱势群体面临的问题，提高他们的体质水平，从而更好地适应现代社会的发展需求。

（三）高校体质弱势群体差异性的干预策略

高校体质弱势群体差异性的干预策略主要包括改善教育环境、提供个性化运动指导、提供心理支持、加强健康教育宣传等。

1）改善高校的教育环境。高校应设立专门针对体质弱势群体的体育课程，提供专门的教练和设备。同时，高校应加强体育设施的建设和维护，确保弱势群体的体育活动环境安全、舒适。此外，高校还应加强对体育教师的培训，提高他们的专业素质，使他们能够更好地指导和支持体质弱势群体的体育活动。

2）提供个性化的运动指导。针对不同类型的体质弱势群体，如体弱类、体能类、体型特异类等，我们可以提供个性化的运动指导。例如，体弱类学生可以进行低强度的运动，如走步、瑜伽等，以防止运动对身体造成过大的负担。体能类学生可以进行高强度的运动，如跑步、游泳等，以提高其身体素质。体型特异类学生可以进行针对性的运动，如矫正姿势、塑形等，以改善其体型。

3）提供心理支持。针对高校体质弱势群体，他们可能会因为自身条件的限制而产生自卑心理。因此，高校应设立心理咨询室，为体质弱势群体提供心理支持，帮助他们建立自信心，积极面对生活。

4）加强对体质弱势群体健康教育的宣传。通过各种形式的宣传活动，让更多的人了解和关注高校体质弱势群体，提高社会对他们的理解和尊重。

总的来说，针对高校体质弱势群体差异性的干预策略，需要我们从改善教育环境、提供个性化运动指导、提供心理支持，以及加强对体质弱势群体健康教育的宣传等多方面进行综合干预。只有这样，才能真正提高高校体质弱势群体的身体素质，改善他们的生活品质。

（四）研究结果的实际应用和意义

高校体质弱势群体的差异性研究，为我们提供了深入理解和改善这一问题的有力工具。从研究结果来看，体育教学干预在改善体质弱势群体的身体形态、身体素质和心理健康方面发挥了显著作用。

1）教学干预对改善体质弱势学生的身高、身体质量指数等方面具有显著效果。这为教育政策制定提供了有力的参考，教育部门可以根据这一研究结果，调整和完善相关政策，为体质弱势群体提供更加有针对性的教育支持。

2）教学干预对改善体质弱势学生的身体素质总得分具有显著效果。这一结果为体育教育提供了重要的指导，体育教育工作者可以设计更加个性化的教学方案，满足不同学生的需求。

3）研究结果还显示，体育教学干预对改善体质弱势学生的心理障碍有显著效果。这为我们提供了一个新的视角，即体育教育不仅可以帮助体质弱势学生增进身体健康，还可以帮助他们建立健康的心理状态，增强他们的自信心，提高他们的生活质量和幸福感。

第五章

基于受众诉求的高校体质弱势群体健康教育的调研

第一节

受众诉求调研综述

高校体育教育是学校体育教育的最后阶段，承担着大学生体质健康和体育锻炼习惯养成的重要责任，是解决体质弱势群体体质健康遗留问题的最后阶段和最佳时期。体质弱势学生虽然是少数，但却是体现教育公平和全社会对体质弱势群体包容度的“关键少数”，所以针对体质弱势学生受众体育教育的广泛和深入的研究，是教育全面性、公平化的要求，也是“以人为本”教育思想指导下的“个性化”教育的受众需求。

从界定体质弱势群体的条件和标准中，说明了体质弱势群体归因的多元化和群体成员构成的多样性——既有生理疾病或残疾的学生，也有体能和体重达标与否的学生。而导致体质弱势学生体质健康水平低的原因既有基于体质的遗传性，也有获得性的不同。所以，体质弱势受众的差异性不仅有与正常学生群体之间的差异，也存在群体内部的差异，遵循群体的差异性，才能在体育实践中采取符合教育受众诉求的教育方略。

本调研报告研究的重点对象为基于以上标准，在体能水平、身体形态、机能状况等相较于普通大学生而言处于劣势，难以跟随普通教学班进行体育教育活动，无法完成与达成统一的体育教学目标的学生群体，依体质弱势界定标准分为体能弱势、体形弱势和病弱。

第二节 问卷实施和统计

本书采用湖北部分高校学生近年的体测、体检相关数据为纵向研究起点，通过文献资料研究、师生访谈、问卷调查、数据统计与分析等方法，对高校体质弱势群体的差异性进行横向分析，以“差异性”“高校体育教育”“体质弱势群体”“体育锻炼行为”等为关键词，在中国知网引文索引查阅相关资料，在超星数字图书馆和学院资料室查阅相关著作和资料，设计调查问卷初稿，通过平台（不分校内和校外）发放 1492 份。根据问卷（初稿）实施和统计数据的情况，优化问卷并形成最终版本，然后将最终版问卷（分校内和校外）发放并回收调查问卷共 1267 份，结合教学实践进行由点及面的研究。

为进行不同类别大学生的横向对比数据的分析，将同样的问卷在本校和其他各高校发放，包括但不限于武汉大学、湖北大学、江汉大学、湖北经济学院、武汉轻工大学等，意在搜集不同高校体育教育模式下不同受众的体育教育的差异。

一 问卷（初稿）实施和统计

将设计好的大学生体质健康调查问卷（初稿）通过网络平台定向发放给在校学生作为摸底，投放不区分本校和校外学生，以此收集反馈意见，调整问卷内容，确保调查问卷的合理性，随后统计相关数据如下。

第 1 题　性别

选项	小计	比例
男	1218	81.64%
女	274	18.36%
本题有效填写人次	1492	

第 2 题　年级

选项	小计	比例
大一	316	21.18%

续表

选项	小计	比例
大二	585	39.21%
大三	366	24.53%
大四	225	15.08%
本题有效填写人次	1492	

第 3 题　你是否参加过校级或院级体育比赛

选项	小计	比例
是	610	40.88%
否	882	59.12%
本题有效填写人次	1492	

第 4 题　你是否出现过体育科目成绩勉强及格的情况

选项	小计	比例
是	393	26.34%
否	1099	73.66%
本题有效填写人次	1492	

第 5 题　你最近一次体质健康测试的总成绩

选项	小计	比例
50 分左右	9	0.60%
60~70 分	223	14.95%
80~90 分	825	55.29%
不知道	435	29.16%
本题有效填写人次	1492	

第 6 题　你的身体质量指数范围

选项	小计	比例
BMI<18.5	139	9.32%
18.5 ≤ BMI<24.0	1085	72.72%

续表

选项	小计	比例
24.0 ≤ BMI<28.0	241	16.15%
BMI ≥ 28.0	27	1.81%
本题有效填写人次	1492	

第 7 题 你在大学阶段的体质健康测试成绩的变化趋势

选项	小计	比例
提高	753	50.47%
略有下降	275	18.43%
没变化	281	18.83%
提高比较大	137	9.18%
下降明显	46	3.08%
本题有效填写人次	1492	

第 8 题 你认为在体质健康测试项目中哪一项体能标准最难达标

选项	小计	比例
立定跳远	109	7.31%
1000/800 米	301	20.17%
引体向上 /1 分钟仰卧起坐	799	53.55%
50 米	25	1.68%
坐位体前屈	258	17.29%
本题有效填写人次	1492	

第 9 题 你认为在体质健康测试项目中哪一项体能标准最容易达标

选项	小计	比例
立定跳远	391	26.21%
1000 米	258	17.29%
引体向上	73	4.89%

续表

选项	小计	比例
50 米	488	32.71%
坐位体前屈	176	11.80%
800 米	46	3.08%
一分钟仰卧起坐	60	4.02%
本题有效填写人次	1492	

第 10 题　在参加体能项目测试中，你的表现最接近以下哪种情况

选项	小计	比例
每一项尽力争取最好成绩	1023	68.57%
没有尽力，达标即可	171	11.46%
有的项目需要努力才能达标	157	10.52%
喜欢或擅长的项目尽力，不喜欢的项目达标即可	141	9.45%
本题有效填写人次	1492	

第 11 题　你每周参加体育运动的时长

选项	小计	比例
1~2 小时	163	10.92%
3~4 小时	372	24.93%
5~7 小时	427	28.62%
7 小时以上	489	32.77%
1 小时以内	41	2.75%
本题有效填写人次	1492	

第 12 题　你每周锻炼的频率

选项	小计	比例
一周 1 次	90	6.03%
一周 2~4 次	724	48.53%
一周 5~7 次	641	42.96%

续表

选项	小计	比例
0 次	37	2.48%
本题有效填写人次	1492	

第 13 题 你参加运动的主要目的

选项	小计	比例
体测	130	8.71%
锻炼身体	894	59.92%
减肥	191	12.80%
减压	45	3.02%
热爱	232	15.55%
本题有效填写人次	1492	

第 14 题 你最喜欢下面的哪一项运动

选项	小计	比例
跑步	576	38.61%
球类	477	31.97%
跳绳	58	3.89%
游泳	21	1.41%
散步	59	3.95%
其他	301	20.17%
本题有效填写人次	1492	

第 15 题 你平时的饮食习惯一

选项	小计	比例
三餐基本按时	1242	83.24%
基本不吃早餐	53	3.55%
经常不吃早餐	52	3.49%
一放假就不规律	145	9.72%
本题有效填写人次	1492	

第 16 题　你平时的饮食习惯二

选项	小计	比例
经常吃夜宵	75	5.03%
偶尔吃夜宵	443	29.69%
没有吃夜宵的习惯	703	47.12%
放假时吃宵夜的情况多	271	18.16%
本题有效填写人次	1492	

第 17 题　你平时的饮食习惯三（含糖饮料摄入）

选项	小计	比例
1~2 瓶 / 天	279	18.7%
2~3 瓶 / 天	81	5.43%
3 瓶以上	41	2.75%
偶尔喝	742	49.73%
基本不喝，主要喝白水	349	23.39%
本题有效填写人次	1492	

第 18 题　你平时的睡眠习惯

选项	小计	比例
在校 23 点以前入睡	1125	75.40%
假期凌晨 1 点之后入睡	246	16.49%
假期凌晨 2 点之后入睡	81	5.43%
假期凌晨 3 点之后入睡	40	2.68%
本题有效填写人次	1492	

第 19 题　你认为经常熬夜的原因

选项	小计	比例
刷手机或聊天	896	60.05%
玩游戏	247	16.55%
学习	179	12.00%

续表

选项	小计	比例
失眠	170	11.39%
本题有效填写人次	1492	

第 20 题　如果你的身体质量指数不合格，是否会制订体育锻炼改善计划

选项	小计	比例
会，但不能坚持	733	49.13%
不会，尝试过没效果	91	6.10%
会，但不知道怎样做	633	42.43%
不会，宁愿节食也不锻炼	35	2.35%
本题有效填写人次	1492	

第 21 题　如果自定的运动训练计划不能完成，你最想通过怎样的途径改善

选项	小计	比例
请体育老师辅导，提高训练的完成度	408	27.35%
找同学帮忙或一起训练，相互鼓励	636	42.63%
请心理咨询老师辅导，提高训练的信心和恒心	86	5.76%
通过网络查找相关问题解决方法	362	24.26%
本题有效填写人次	1492	

第 22 题　使用运动类 APP 的情况

选项	小计	比例
下载了运动类 APP，偶尔用	560	37.53%
不喜欢用运动类 APP 指导体育锻炼	238	15.95%
没有下载过运动类 APP	194	13.00%
下载了运动类 APP，常用	500	33.51%
本题有效填写人次	1492	

第 23 题　父母对你生活健康方面的提醒最多的是

选项	小计	比例
吃好三餐	555	37.20%
不熬夜	375	25.13%
少玩游戏	253	16.96%
多参加体育运动	309	20.71%
本题有效填写人次	1492	

第 24 题　进入大学阶段后，父母对你日常生活和健身习惯的指导情况

选项	小计	比例
父母没明确要求和建议，一直靠自觉	724	48.53%
明知自律尚待提高，也不希望父母管	124	8.31%
父母有要求和建议，自己部分听取	556	37.27%
不希望父母管得太多，坚持自己的做法	88	5.90%
本题有效填写人次	1492	

第 25 题　你认为导致体质弱势的最主要原因

选项	小计	比例
有先天疾病	104	6.97%
超重	104	6.97%
体育锻炼太少	561	37.60%
不自律	601	40.28%
不自信	122	8.18%
本题有效填写人次	1492	

第 26 题　你认为学校体育教学方式在改善学生体质健康方面的成效

选项	小计	比例
有利于促进体质健康合格的学生	500	33.51%
有利于促进体质健康不合格的学生	184	12.33%
整体而言有促进作用	580	38.87%

续表

选项	小计	比例
不清楚	228	15.28%
本题有效填写人次	1492	

第 27 题　你认为《国家学生体质健康达标标准》的政策成效

选项	小计	比例
有促进作用	960	64.34%
作用不明显	214	14.34%
没作用	74	4.96%
不清楚	244	16.35%
本题有效填写人次	1492	

第 28 题　体质健康作为入职选岗的硬性指标，你认为对促进体育锻炼的作用

选项	小计	比例
作用不大，在大四的时候突击一下即可	148	9.92%
作用不大，对自身的体质健康状况有信心	188	12.60%
有促进作用，会有计划加强体育锻炼	1027	68.83%
有压力，不知如何提高体质健康水平	129	8.65%
本题有效填写人次	1492	

第 29 题　你认为体质弱势学生参加体育锻炼不积极的最主要原因

选项	小计	比例
因害怕暴露体育运动方面的缺点	275	18.43%
怕累、不爱运动	716	47.99%
认知有偏差：学习重要，体育锻炼浪费时间	276	18.50%
缺乏体育锻炼的理论知识	225	15.08%
本题有效填写人次	1492	

第 30 题　你认为改善体质弱势最重要的驱动力来自

选项	小计	比例
政策的倾斜	184	12.33%
体育教师的监督与指导	142	9.52%
家长督导	105	7.04%
学校体育锻炼的氛围	393	26.34%
自身的认知提升	668	44.77%
本题有效填写人次	1492	

第 31 题　在改善体质健康相对弱势的驱动力中，你认为效果最差的是

选项	小计	比例
政策的倾斜	340	22.79%
体育教师的监督与指导	235	15.75%
家长督导	521	34.92%
学校体育锻炼的氛围	151	10.12%
自身的认知提升	245	16.42%
本题有效填写人次	1492	

第 32 题　你认为班级体质弱势学生的课余时间较多用于

选项	小计	比例
刷手机	801	53.69%
学习	287	19.24%
外出游玩	127	8.51%
体育锻炼	122	8.18%
享受美食	155	10.39%
本题有效填写人次	1492	

第 33 题　你认为以下哪个方面的措施对改善体质弱势学生现状是最有效的

选项	小计	比例
调整政策的执行偏差，严格落实奖惩制度	223	14.95%

续表

选项	小计	比例
加强体育课堂教学个性化指导	316	21.18%
加强课外体育锻炼个性化辅导	424	28.42%
增加体育保健理论知识的学习	150	10.05%
提供心理辅导，激发体育锻炼的信心和恒心	308	20.64%
家长加强监督和指导	71	4.76%
本题有效填写人次	1492	

第 34 题　你认为以下哪个方面的措施对改善体质弱势学生现状是无效的

选项	小计	比例
调整政策的执行偏差，严格落实奖惩制度	377	25.27%
加强体育课堂教学个性化指导	175	11.73%
加强课外体育锻炼个性化辅导	175	11.73%
增加体育保健理论知识的学习	201	13.47%
提供心理辅导，激发体育锻炼的信心和恒心	180	12.06%
家长加强监督和指导	384	25.74%
本题有效填写人次	1492	

第 35 题　你认为体质弱势学生最需要的是以下哪个方面

选项	小计	比例
老师上课时给予更多的指导	403	27.01%
老师加强课后指导，提高专业指导效果	480	32.17%
同学帮忙指导和监督	368	24.66%
使用运动类 APP，提升自己的锻炼水平	241	16.15%
本题有效填写人次	1492	

二 问卷（最终版）实施和统计

问卷在初稿实施和统计的基础上，进行优化设计，形成最终版。将问卷（最终版）分别在校外（湖北部分其他高校）和校内（湖北警官学院）发放，搜集不同高校体育教育模式下不同受众的体育教育的差异，问卷（最终版）校内和校外的统计结果如下。

（一）大学生体质健康调查问卷（校外）统计结果

第 1 题　性别

选项	小计	比例
男	167	43.95%
女	213	56.05%
本题有效填写人次	380	

第 2 题　你的身体质量指数

选项	小计	比例
BMI<18.5	57	15.00%
18.5 ≤ BMI<24.0	234	61.58%
24.0 ≤ BMI<28.0	65	17.11%
BMI ≥ 28.0	24	6.32%
本题有效填写人次	380	

第 3 题　你在大学阶段体质健康测试成绩的变化趋势

选项	小计	比例
提高	67	17.63%
略有下降	173	45.53%
没变化	80	21.05%
提高比较大	6	1.58%
下降明显	54	14.21%
本题有效填写人次	380	

第 4 题　你平时的饮食习惯

选项	小计	比例
三餐基本按时	191	50.26%
基本不吃早餐	79	20.79%

续表

选项	小计	比例
经常不吃早餐	50	13.16%
一放假就不规律	60	15.79%
本题有效填写人次	380	

第 5 题　你平时的睡眠习惯

选项	小计	比例
在校 23 点以前入睡	117	30.79%
假期凌晨 1 点以前后入睡	180	47.37%
假期凌晨 2 点以后入睡	66	17.37%
假期凌晨 3 点以后入睡	17	4.47%
本题有效填写人次	380	

第 6 题　你认为经常熬夜的原因

选项	小计	比例
刷手机或聊天	254	66.84%
玩游戏	54	14.21%
学习	40	10.53%
失眠	32	8.42%
本题有效填写人次	380	

第 7 题　如果你的身体质量指数不合格，是否会制订体育锻炼改善计划

选项	小计	比例
会，但不能坚持	207	54.47%
不会，尝试过没效果	26	6.84%
会，但不知道怎样做	136	35.79%
不会，宁愿节食也不锻炼	11	2.89%
本题有效填写人次	380	

第 8 题　使用运动类 APP 的情况

选项	小计	比例
下载了运动类 APP，但不能坚持用	205	53.95%
不喜欢用运动类 APP 指导体育锻炼	56	14.74%
没有下载过运动类 APP	64	16.84%
下载了运动类 APP，常用	55	14.47%
本题有效填写人次	380	

第 9 题　你认为导致体质弱势最主要原因

选项	小计	比例
有先天疾病	17	4.47%
超重	32	8.42%
体育锻炼太少	216	56.84%
不自律	104	27.37%
不自信	11	2.89%
本题有效填写人次	380	

第 10 题　你认为《国家学生体质健康标准》的政策成效

选项	小计	比例
有促进作用	182	47.89%
作用不明显	92	24.21%
没作用	20	5.26%
不清楚	86	22.63%
本题有效填写人次	380	

第 11 题　体质健康状况作为入职选岗的硬性指标，你认为对促进体育锻炼的作用

选项	小计	比例
作用不大，在大四的时候突击一下即可	56	14.74%
作用不大，对自身的体质健康状况有信心	44	11.58%
有促进作用，会有计划加强体育锻炼	179	47.11%

续表

选项	小计	比例
有压力，不知如何提高体质健康水平	101	26.58%
本题有效填写人次	380	

第 12 题　你认为体质弱势学生参加体育锻炼不积极的最主要原因是

选项	小计	比例
因害怕暴露体育运动方面的缺点	64	16.84%
怕累、不爱运动	241	63.42%
认知有偏差：学习重要，体育锻炼浪费时间	52	13.68%
缺乏体育锻炼的理论知识	23	6.05%
本题有效填写人次	380	

第 13 题　你认为改善体质弱势最重要的驱动力来自

选项	小计	比例
政策的倾斜	46	12.11%
体育教师的监督与指导	41	10.79%
家长督导	6	1.58%
学校体育锻炼的氛围	108	28.42%
自身的认知提升	179	47.11%
本题有效填写人次	380	

第 14 题　你认为班级体质弱势学生的课余时间较多用于

选项	小计	比例
刷手机	205	53.95%
学习	106	27.89%
外出游玩	29	7.63%
体育锻炼	6	1.58%
享受美食	34	8.95%
本题有效填写人次	380	

第 15 题　你认为以下哪方面的措施对改善体质弱势学生现状是最有效的

选项	小计	比例
调整政策的执行偏差，严格落实奖惩制度	51	13.42%
加强体育课堂教学个性化指导	105	27.63%
加强课外体育锻炼个性化辅导	124	32.63%
增加体育保健理论知识的学习	23	6.05%
提供心理辅导，激发其体育锻炼的信心和恒心	70	18.42%
家长加强监督和指导	7	1.84%
本题有效填写人次	380	

第 16 题　你认为体质弱势学生最需要的是

选项	小计	比例
老师上课时给予更多的指导	114	30.00%
老师加强课后指导，提高专业指导效果	107	28.16%
同学帮忙指导和监督	91	23.95%
使用运动类 APP，提升自己的锻炼水平	68	17.89%
本题有效填写人次	380	

（二）大学生体质健康调查问卷（校内）统计结果

第 1 题　性别

选项	小计	比例
男	467	52.65%
女	420	47.35%
本题有效填写人次	887	

第 2 题　你的身体质量指数

选项	小计	比例
BMI<18.5	115	12.97%
18.5 ≤ BMI<24.0	609	68.66%
24.0 ≤ BMI<28.0	125	14.09%

续表

选项	小计	比例
BMI ≥ 28.0	38	4.28%
本题有效填写人次	887	

第 3 题　你在大学阶段体质健康测试的成绩的变化趋势

选项	小计	比例
提高	270	30.44%
略有下降	277	31.23%
没变化	254	28.64%
提高比较大	47	5.30%
下降明显	39	4.40%
本题有效填写人次	887	

第 4 题　你平时的饮食习惯

选项	小计	比例
三餐基本按时	710	80.05%
基本不吃早餐	44	4.96%
经常不吃早餐	28	3.16%
一放假就不规律	105	11.84%
本题有效填写人次	887	

第 5 题　你平时的睡眠习惯

选项	小计	比例
在校 23 点以前入睡	662	74.63%
假期凌晨 1 点以后入睡	148	16.69%
假期凌晨 2 点以后入睡	58	6.54%
假期凌晨 3 点以后入睡	19	2.14%
本题有效填写人次	887	

第 6 题　你认为经常熬夜的原因

选项	小计	比例
刷手机或聊天	497	56.03%
玩游戏	115	12.97%
学习	147	16.57%
失眠	128	14.43%
本题有效填写人次	887	

第 7 题　如果你的身体质量指数不合格，是否会制订体育锻炼改善计划

选项	小计	比例
会，但不能坚持	453	51.07%
不会，尝试过没效果	77	8.68%
会，但不知道怎样做	336	37.88%
不会，宁愿节食也不锻炼	21	2.37%
本题有效填写人次	887	

第 8 题　使用运动类 APP 的情况

选项	小计	比例
下载了运动类 APP，但不能坚持用	402	45.32%
不喜欢用运动类 APP 指导体育锻炼	114	12.85%
没有下载过运动类 APP	163	18.38%
下载了运动类 APP，常用	208	23.45%
本题有效填写人次	887	

第 9 题　你认为导致体质弱势的最主要原因

选项	小计	比例
有先天疾病	50	5.64%
超重	78	8.79%
体育锻炼太少	379	42.73%
不自律	309	34.84%

续表

选项	小计	比例
不自信	71	8.00%
本题有效填写人次	887	

第 10 题 你认为《国家学生体质健康标准》的政策成效

选项	小计	比例
有促进作用	536	60.43%
作用不明显	124	13.98%
没作用	36	4.06%
不清楚	191	21.53%
本题有效填写人次	887	

第 11 题 体质健康状况作为入职选岗的硬性指标，你认为对于体育锻炼的作用

选项	小计	比例
作用不大，在大四的时候突击一下即可	88	9.92%
作用不大，对自身的体质健康状况有信心	100	11.27%
有促进作用，会有计划地加强体育锻炼	592	66.74%
有压力，不知如何提高体质健康水平	107	12.06%
本题有效填写人次	887	

第 12 题 你认为体质弱势学生参加体育锻炼不积极的最主要原因

选项	小计	比例
因害怕暴露体育运动方面的缺点	145	16.35%
怕累、不爱运动	420	47.35%
认知有偏差：学习重要，体育锻炼浪费时间	163	18.38%
缺乏体育锻炼的理论知识	159	17.93%
本题有效填写人次	887	

第 13 题　你认为改善体质弱势最重要的驱动力来自

选项	小计	比例
政策的倾斜	86	9.70%
体育教师的监督与指导	74	8.34%
家长督导	40	4.51%
学校体育锻炼的氛围	255	28.75%
自身的认知提升	432	48.70%
本题有效填写人次	887	

第 14 题　你认为班级体质弱势学生的课余时间较多用于

选项	小计	比例
刷手机	430	48.48%
学习	246	27.73%
外出游玩	70	7.89%
体育锻炼	53	5.98%
享受美食	88	9.92%
本题有效填写人次	887	

第 15 题　你认为以下哪方面的措施对改善体质弱势学生现状是最有效的

选项	小计	比例
调整政策的执行偏差，严格落实奖惩制度	112	12.63%
加强体育课堂教学个性化指导	190	21.42%
加强课外体育锻炼个性化辅导	260	29.31%
增加体育保健理论知识的学习	105	11.84%
提供心理辅导，激发体育锻炼的信心和恒心	178	20.07%
家长加强监督和指导	42	4.74%
本题有效填写人次	887	

第 16 题　你认为体质弱势的学生最需要的是

选项	小计	比例
老师上课时给予更多的指导	179	20.18%
老师加强课后指导，提高专业指导效果	270	30.44%
同学帮忙指导和监督	227	25.59%
使用运动类 APP，提升自己的锻炼水平	211	23.79%
本题有效填写人次	887	

在受众诉求考量的高校体能弱势学生体质健康教育策略研究中，数据收集主要运用了问卷调查、访谈、观察等方法，数据分析主要运用了描述性统计、相关性分析、回归分析等方法。这些方法能够有效地收集和分析研究对象的各种数据，为研究结果提供客观、准确的依据。

第三节 基于问卷的纵向研究

公安院校招生时虽有体能测试要求，但入校体能达标标准与《国家学生体质健康达标标准》及格水平基本一致，对湖北警官学院学生在校四年的体能数据动态变化的特征和占比具有群体研究的参考价值。

一 毕业学生的淘汰比例

近年公安部招录体制改革，公安院校公安专业的应届毕业生参加统一的招录考试，理论科目、体能和体检三项都合格者参加选岗，对于毕业生来说既是机遇也是挑战。公安院校的招生标准除了要求考生文化分数达到录取分数线以外，还有体质健康达标的要求，包括常规体检和体能测试两个项目。测试项目和合格标准与《国家学生体质健康达标标准》相比较可知，公安院校录取时对考生的体能测试合格标准原则上基本与《国家学生体质健康达标标准》评价体系比较接近，即要求新生入校时其体能基本能达到同年龄组《国家学生体质健康达标标准》的 60 分以上水平。如表 5-1 所示。

表 5-1　公安院校新生体能测试标准

序号	项目	公安院校招生体能测试（合格）	国家学生体质健康达标标准 60 分（高三）
1	50 米	9″ 2（男），10″ 4（女）	9″ 1（男），10″ 3（女）
2	立定跳远	205 厘米（男），150 厘米（女）	208 厘米（男），151 厘米（女）
3	引体向上（男） 1 分钟仰卧起坐（女）	9（男） 25（女）	10（男） 26（女）
4	中长跑（男子 1000 米，女子 800 米）	4′ 35″（男），4′ 36″（女）	4′ 32″（男），4′ 34″（女）
备注		以上 4 项中有 3 项及以上达标，体能测试结论为合格。	

大学毕业时，公安院校毕业生选岗需通过体能测试，测试项目虽与《国家学生体质健康达标标准》有所不同，但从 1000 米（男生）和 800 米（女生）的标准中，可知与《国

家学生体质健康达标标准》保持一致水平，此项目公安院校学生是按大学四年级男生 62 分、女生 64 分的标准制订。如表 5-2 所示。

表 5-2　公安院校毕业生体能测试标准

序号	项目	公安院校毕业体能测试（合格）	国家学生体质健康达标标准（60 分（大四））
1	10 米 ×4 折返跑	13″1（男），14″2（女）	
2	纵跳摸高（男生身高≥ 170 厘米，女生身高≥ 160 厘米）	265 厘米（男），230 厘米（女）	
3	中长跑（男子 1000 米，女子 800 米）	4′25″（男），4′20″（女）	4′30″（男），4′32″（女）
备注		一项不合格即淘汰	

在公安院校学生入学时的体能合格的基础上，以及在校四年期间公安院校体育课程数量高于其他院校的实际情况，大四时期每个学生都应该具备通过体能测试的能力。但从 2016 年至 2022 年，7 年期间我校 4840 名毕业生中有 117 名毕业生体能测试没有达标，不合格率占 2.40%。这说明部分大学生特别是游离于《国家学生体质健康达标标准》达标线的学生，在大学期间体能水平没有提升，甚至还有下降的情况。如表 5-3 所示。

表 5-3　湖北警官学院毕业生 2016—2022 年体测统计数据

年度	毕业体能测试人数	不合格人数	比例（%）
2016	520	27	5.19
2017	628	15	2.39
2018	657	6	0.91
2019	665	12	1.80
2020	670	32	4.78
2021	799	11	1.38
2022	901	14	1.55

界定体质弱势的标准是固定的，但体质弱势的状态不是一成不变的，不论是个体的体质弱势状态还是群体的体质弱势状态都不是固定不变的，而是动态变化的。所以，在体育教育实践中不仅要关注符合弱势标准线的学生，也要监测临近《国家学生体质健康达标标准》达标线上学生的体质健康变化。近几年学院《国家学生体质健康达标标准》测试成绩在 60~70 分的学生占 21.02%，这个占比与每年毕业参加体能辅导的学生比例非常接近。在体质弱势群体中，病弱和肥胖症学生有显性表征，体能弱势学生具有隐蔽性，需要在体育考评或《国家学生体质健康达标标准》测试中才能识别。

二 公安联考体能测试淘汰率高的原因

1. 课程设置的问题

学生在进校时都通过了体能的测试，说明他们体能基础整体情况较好。在校四年期间，除实习以外，警体战训课程分为 6 学期，体能课程 2 学期，警务技能课程 2 学期，警务战术课程 2 学期，远远高于非公安院校体育课程 4 学期的总量，提供了足量提升体能的课堂教学，保障学生的体能水平。

但学院体育课程受课程教学警务化管理的局限，课堂教学以专业划分，每个区队同样的内容、同样的进度，保持与应试教育阶段相同的体育教学模式。在课堂教学方面，学院体育课程设置与普通高校一样，在大学一二年级安排体能课程，之后是每周一次的警务技能和警务战术课程的专业技术动作学习。但这两门课的运动强度不足，毕业联考前体能训练类课程有两年的空当，即体能测试前期，学生体能训练主要以自训为主，缺少专业的、持续的指导。

2. 对体能弱势学生的自律性认识不足

学校、教师、辅导员和家长比较统一的认识是：进入大学校园的学生已经是成年人，对毕业联考体能测试的重要性有足够的认知，对自身的体能水平与测试标准也应有足够的了解。但他们从小学到高中的学习和生活都是由学校和家长主导的，大学开放包容的学习环境、外界管束的减弱，体能弱势学生的自律性差的问题暴露无遗，体育课程结束之后，很少参加体育锻炼，逃避集体和集中训练，导致在毕业的时候体能测试不达标，错失就职选岗的机会。

体能状态的保持和提升具有一定的挑战性，既要有一定的运动强度，也要有一定的频率，还要有长期坚持运动的习惯，更要有自律性的锻炼行为为基础。缺乏体育锻炼的自律性，是我院学生 2016 年体能测试高淘汰率的重要原因。

2020 年，受疫情影响，笔试之后学生不留在校内，学生体能测试的准备处于无专业指导的状况。缺乏教师的指导和督促，当年毕业生的体能测试淘汰比例猛增，进一步说明体能弱势学生体育锻炼的自律性和体育锻炼行为的改变依赖有力度的监管措施。如图 5-1 所示。

三 干预措施

1. 行政管理干预

我校 2016 年首届毕业联考的 520 名毕业生中，有 27 名学生因体能测试不合格而被淘汰，占比 5.19%。高淘汰率引起学院的重视，将公安专业体测淘汰率纳入系部年终考评，明确规定公安专业体测淘汰率高于 3.00% 的系部年终考核不达标，促使各系部加强对学生体能训练工作的关注，加强体育教学部门、教务部门和学生管理的联动，发挥公安院校警务化管理的优势，形成改变体质弱势学生体育锻炼行为的外在驱动力。

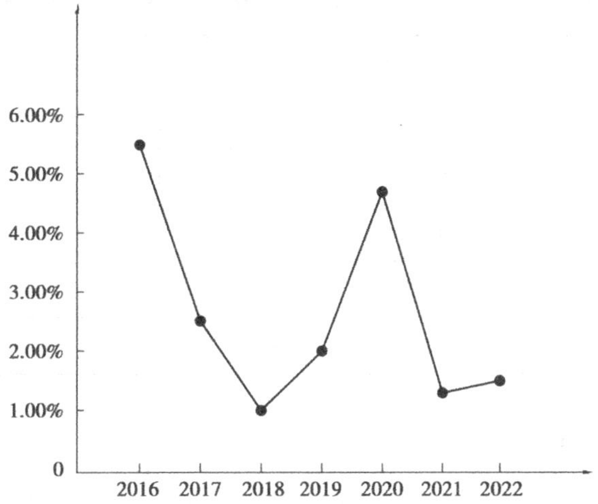

图 5-1　湖北警官学院 2016—2022 年体测不合格毕业生比例统计分析图

2. 教学干预

大四下学期，由各系部辅导员组织学生开展体能摸底测试，识别低于达标线和游离于达标线附近的学生。

体育教学部门组织专业教师对毕业学生进行个性化课外体能指导，给每个学生制订个性化训练方案，并每周进行 3 次督促训练。

发挥班干部和体育优秀学生志愿者进行早操和课外活动时间陪练作用，形成专业教师体育指导、系部辅导员监督、同学陪伴的多方合力，使体能弱势学生的各项测试项目成绩得到提高，淘汰率明显降低。

3. 课程改革

警务化管理的课程设置在教学模式上比较固定，为丰富体能教学内容，提高学生体育锻炼的兴趣，将原来两年 4 学期的警务体能课改为大学体育、军训和体能、篮球和排球、足球和乒乓球、急救和拓展训练等，每一学期课时平均分配给其中两个教学科目，弥补警务化管理造成的选修课不足，丰富学生的运动项目，让学生选择适合自己的运动项目，提高学生的体育素养，培养学生自我锻炼的能力。

4. 病弱学生比例调查

从 2018 年起，新生（公安专业和非公安专业）入校后体检的内容包括：常规检查、实验室检查（血清丙氨酸测定、血细胞分析和艾滋病检测）、影像学检查（DR）和心脏彩超等。生理异常主要有心房间隔缺损、心内膜垫缺损、主动脉瓣缺损、主动脉瓣轻－中度关闭不全、三尖瓣中度关闭不全等。检查结果显示，2018—2021年病弱学生比例约为2.62%。虽然病弱学生的整体占比不高，但由于他们在不同年级和专业中星点分布，这成为课堂教学的难点。湖北警官学院新生2018—2021年体检结果异常统计如表5-4所示。

表5-4 湖北警官学院新生2018—2021年体检结果异常统计表

年份	新生参加体检人数	体检结果异常学生人数	所占比例
2018	800	25	3.19%
2019	800	19	2.37%
2020	800	19	2.37%
2021	847	22	2.60%
合计	3247	85	2.62%

5. 病弱群体干预措施

校医院依据全院新生体检结果，将病弱学生信息转给系部和体育教学部门，提醒辅导员和教师在课堂内外注意这批学生运动风险的防控。

受课堂管理模式的局限，学院对于因先天疾病的体质弱势学生所采取的体育教学方案是随堂上课模式，旁观为主，不参加高负荷、高强度运动，或将运动强度降到最低。虽然是给予体质弱势群体的特殊照顾，但不能满足有先天疾病学生的体育锻炼需求，体质弱势学生从课堂教学到课外体育活动，无法享受与普通学生同样的体育教育资源。为弥补不足，学院开设了选修课“体育保健课”和“运动训练学”，病弱学生依据自身需求选修，因病弱学生占比低，总体上缺乏专业的体质健康教育指导，有针对性的体育课堂教学模式在办学规模较小的高校实施起来比较困难。

第四节 基于问卷的横向研究

一 问卷横向统计和分析

依据内外驱动力的研究思路和学院体质弱势群体反映的问题，从教育受众视角了解体质弱势原因、体育政策、体育教学、家庭教育、社会适应五个维度，分校内和校外（武汉大学、江汉大学、湖北大学等）两组进行调查问卷的横向统计和分析。

1）相较于高中时期的体质健康测试成绩，大学阶段的变化趋势

选项		校外		校内		总计	
		小计	比例	小计	比例	小计	比例
A	提高显著	67	17.63%	270	30.40%	337	26.60%
B	提高了一些	6	1.58%	47	5.30%	53	4.20%
C	没有变化	80	21.05%	254	28.60%	334	26.30%
D	略有下降	173	45.53%	277	31.20%	450	35.50%
E	下降明显	54	14.21%	39	4.40%	93	7.40%
本题有效填写人次		380		887		1267	

2）导致大学生体质弱势的最主要原因

选项		校外		校内		总计	
		小计	比例	小计	比例	小计	比例
A	有先天疾病	17	4.47%	50	5.64%	67	5.30%
B	超重	32	8.42%	78	8.79%	110	8.70%
C	体育锻炼太少	216	56.85%	379	42.73%	595	47.00%
D	不自律	104	27.37%	309	34.84	413	32.60%
E	不自信	11	2.89%	71	8.00%	82	6.40%
本题有效填写人次		380		887		1267	

3）你的身体质量指数范围

选项		校外		校内		总计	
		小计	比例	小计	比例	小计	比例
A	BMI<18.5	57	15.00%	115	12.90%	172	13.60%
B	18.5 ≤ BMI<24.0	234	61.58%	609	68.66%	843	66.50%
C	24.0 ≤ BMI<28.0	65	17.11%	125	14.09%	190	15.00%
D	BMI ≥ 28.0	24	6.32%	38	4.28%	62	4.90%
本题有效填写人次		380		887		1267	

4）你平时的饮食习惯

选项		校外		校内		总计	
		小计	比例	小计	比例	小计	比例
A	三餐基本按时	191	50.26%	710	80.05%	901	71.10%
B	基本不吃早餐	79	20.79%	44	4.96%	123	9.70%
C	经常不吃早餐	50	13.16%	28	3.16%	78	6.20%
D	一放假就不规律	60	15.79%	105	11.84%	165	13.00%
本题有效填写人次		380		887		1267	

5）你平时的睡眠习惯

选项		校外		校内		总计	
		小计	比例	小计	比例	小计	比例
A	在校 23 点以前入睡	117	30.79%	662	74.63%	779	61.5%
B	假期凌晨 1 点以后入睡	180	47.37%	148	16.69%	328	25.90%
C	假期凌晨 2 点以后入睡	66	17.37%	58	6.54%	124	9.80%
D	假期凌晨 3 点以后入睡	17	4.47%	19	2.14%	36	2.80%
本题有效填写人次		380		887		1267	

6）你认为经常熬夜的原因

选项		校外		校内		总计	
		小计	比例	小计	比例	小计	比例
A	刷手机或聊天	254	66.84%	497	56.03%	751	59.30%
B	玩游戏	54	14.21%	115	12.97%	169	13.30%
C	学习	40	10.53%	147	16.57%	187	14.80%
D	失眠	32	8.42%	128	14.43%	160	12.60%
本题有效填写人次		380		887		1267	

7）你认为以下哪方面的措施对改善体质弱势学生现状是最有效的

选项		校外		校内		总计	
		小计	比例	小计	比例	小计	比例
A	调整政策的执行偏差，严格落实奖惩制度	51	13.40%	112	12.60%	163	12.80%
B	加强体育课堂教学个性化指导	105	27.60%	190	21.40%	295	23.30%
C	加强课外体育锻炼个性化辅导	124	32.60%	260	29.30%	384	30.30%
D	加强体育保健理论知识的学习	23	6.00%	105	11.80%	128	10.10%
E	提供心理辅导，激发体育锻炼的信心和恒心	70	18.40%	178	20.10%	248	19.60%
F	家长加强监督和指导	7	1.84%	42	4.74%	49	3.90%
本题有效填写人次		380		887		1267	

8）你认为改善体质弱势最重要的驱动力来自

选项		校外		校内		总计	
		小计	比例	小计	比例	小计	比例
A	政策的倾斜	46	12.10%	86	9.70%	132	10.40%
B	体育教师的监督与指导	41	10.80%	74	8.34%	115	9.10%
C	家长督导	6	1.58%	40	4.51%	46	3.60%
D	学校体育锻炼的氛围	108	28.50%	255	28.75%	363	28.80%
E	自身的认知提升	179	47.20%	432	48.70%	611	48.20%
本题有效填写人次		380		887		1267	

9）如果你的身体质量指数不合格，是否会制订体育锻炼改善计划

选项		校外		校内		总计	
		小计	比例	小计	比例	小计	比例
A	会，但不能坚持	207	54.47%	453	51.07%	660	52.10%
B	会，但不知道怎样做	136	35.79%	336	37.88%	472	37.30%
C	不会，尝试过没效果	26	6.85%	77	8.68%	103	8.10%
D	不会，宁愿节食也不锻炼	11	2.89%	21	2.37%	32	2.50%
本题有效填写人次		380		887		1267	

10）你认为体质弱势学生参加体育锻炼不积极的最主要原因

选项		校外		校内		总计	
		小计	比例	小计	比例	小计	比例
A	因害怕暴露体育运动方面的缺点	64	16.85%	145	16.35%	209	16.50%
B	怕累，不爱运动	241	63.42%	420	47.35%	661	52.20%
C	认知有偏差：学习重要，体育锻炼浪费时间	52	13.68%	163	18.38%	215	16.90%
D	缺乏体育锻炼的理论知识	23	6.05%	159	17.92%	182	14.40%
本题有效填写人次		380		887		1267	

11）你认为班级体质弱势学生的课余时间较多用于

选项		校外		校内		总计	
		小计	比例	小计	比例	小计	比例
A	刷手机	205	53.95%	430	48.48%	635	50.10%
B	学习	106	27.89%	246	27.73%	352	27.80%
C	外出游玩	29	7.63%	70	7.89%	99	7.81%
D	体育锻炼	6	1.58%	53	5.98%	59	4.66%
E	享受美食	34	8.95%	88	9.92%	122	9.63%
本题有效填写人次		380		887		1267	

12）使用运动类 APP 的情况

选项		校外		校内		总计	
		小计	比例	小计	比例	小计	比例
A	下载了运动类 APP，但不能坚持用	205	53.95%	402	45.32%	607	47.90%
B	不喜欢用运动类 APP 指导体育锻炼	56	14.74%	114	12.85%	170	13.40%
C	没有下载过运动类 APP	64	16.84%	163	18.38%	227	17.90%
D	下载了运动类 APP，常用	55	14.47%	208	23.45%	263	20.80%
本题有效填写人次		380		887		1267	

13）体质健康状况作为入职选岗的硬性指标，你认为对促进体育锻炼的作用

选项		校外		校内		总计	
		小计	比例	小计	比例	小计	比例
A	作用不大，在大四的时候突击一下即可	56	14.74%	88	9.92%	144	11.35%
B	作用不大，对自己的体质健康状况有信心	44	11.58%	100	11.27%	144	11.35%
C	有促进作用，会有计划地加强体育锻炼	179	47.11%	592	66.74%	771	60.90%
D	有压力，不知如何提高体质健康水平	101	26.58%	107	12.06%	208	16.40%
本题有效填写人次		380		887		1267	

二　资料数据和问卷调查分析

在以上 13 类问题反馈中，其中 10 类数据变化趋势湖北警官学院和其他院校基本一致，说明问卷数据能真实反映群体的共性特征，湖北警官学院招生基准点和其他院校持平，学生入校时体质水平状况与其他院校的整体水平相近；剩下的 3 类问题有差异性的呈现，与教育管理模式的相关度较高。

（一）体能动态变化

相较于高中时期的体质健康测试成绩，湖北警官学院的学生在入校时和毕业时的体能测试数据变化反映出学生体能下降的趋势。湖北警官学院学生在校期间体能测试成绩统计分析如图 5-2 所示。

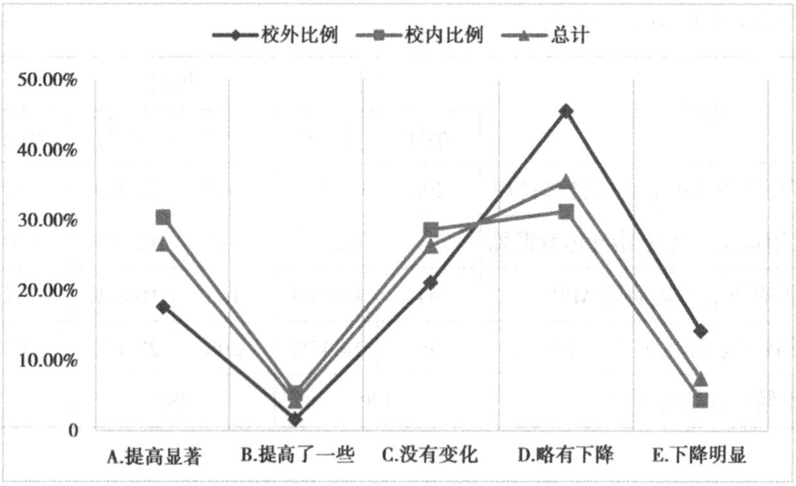

图 5-2 湖北警官学院学生在校期间体能测试成绩统计分析图

从调查表中可见，校内校外的体质健康测试成绩“略有下降”的占比都是最高的，校内为 31.20%，校外为 45.53%，总占比为 35.50%。学生在校期间体质健康成绩下降趋势的存在与湖北警官学院的纵向研究结果一致，而且占比较高。学生在校期间体质健康测试成绩下滑现象普遍，虽然下滑不等同于体质健康水平的弱势，但显现出学生群体处于体育教育背景不利的状况。同时，体测既显现了体质健康的变化趋势，也显现了体育教育受众对《国家学生体质健康达标标准》测试的态度，而“略有下降”比例高于“提高显著”比例应该引起相关部门足够的重视。对体质健康测试成绩的“提高显著”和“提高了一些”的占比分别是 26.60% 和 4.20%，说明在大学期间有体质健康提升的环境和条件，但因个体差异，学生在校期间的体质健康状况有升降波动的不同状态。

湖北警官学院学生体质健康测试成绩提高比例高于其他院校，分别是 35.70% 和 19.21%；本校学生体质健康测试成绩下降比例低于其他院校，分别是 35.60% 和 59.74%。本校和其他院校学生体质健康测试成绩从占比数据上显示有较大区别，显现出教学管理模式对学生体质健康促进作用的差异性，这一点在不同教学管理中对日常健康习惯进行进一步的对比分析。

（二）体质弱势群体体育锻炼行为自律性

在本校毕业生体能变化的纵向调查中，体质弱势学生内在驱动力缺乏（即“内因”）成为研究改善体质弱势体育锻炼行为的重点。体质健康状况由先天遗传和后天习得决定，相较于应试教育阶段，大学体育教育环境宽松、自由，有利于回归体育本真，而是否受益取决于教育受众的自觉性和自律性。在“导致大学生体质弱势的最主要原因”一项中，决定后天习得的效果“体育锻炼太少”在两类调查样本中的占比分别为 56.85% 和 42.73%，总占比为 47.00%，“不自律”总占比为 32.60%，远高于先天遗传相关的原因：“有先天疾病”的占 5.30% 和“超重”的占 8.70%。这一点与本校的体能淘汰率的原因的调查结果一致。同时，在“有先天疾病”和“超重”两项中，校内校外的占比基本一致，显现出体育教育受众在此项的认知相同：后天习得的重要作用和改善重点。问卷调查“导致大学生体质弱势的最主要原因”统计分析如图 5-3 所示。

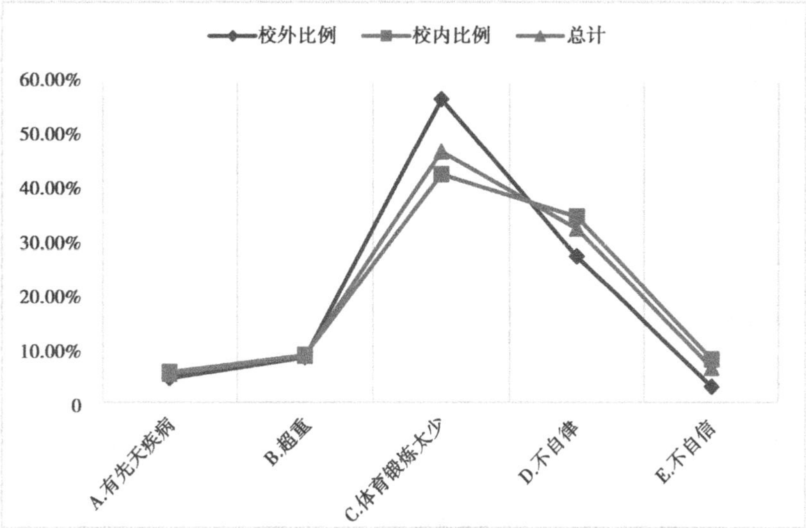

图 5-3 “导致大学生体质弱势的最主要原因”统计分析图

在“班级体质弱势学生的课余时间使用情况”的问卷调查中，“刷手机”是占用课余时间最多的一项，占 50.10%，这是自律性差的主要表现。校内校外的数据基本一致。问卷调查“班级体质弱势学生的课余时间使用情况”统计分析如图 5-4 所示。

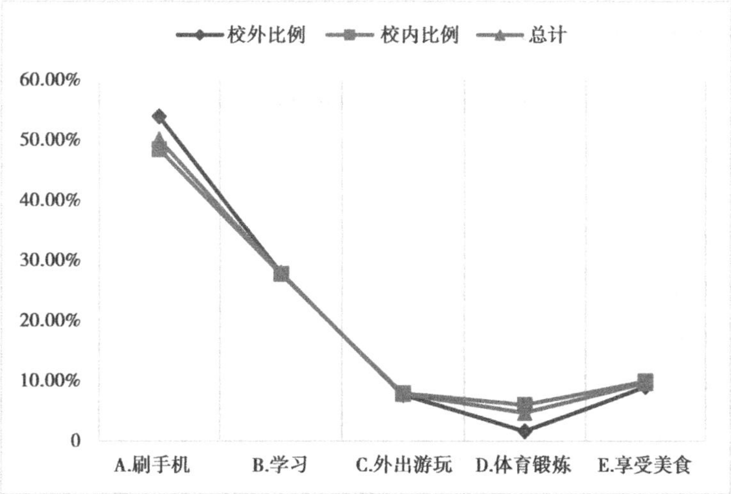

图 5-4 “班级体质弱势学生的课余时间使用情况”统计分析图

在“经常熬夜的原因”调查中，同样是“刷手机或聊天”和“玩游戏”的占比最高，两项总占比达 72.60%。从课余时间刷手机的占比和熬夜原因反映出体质弱势学生的自律性差和健康认知的不足，这是体质弱势群体改善的空间所在，弥补自律性的不足，改善内在驱动力是解决体质弱势群体教育诉求的关键。问卷调查“经常熬夜的原因”统计分析如图 5-5 所示。

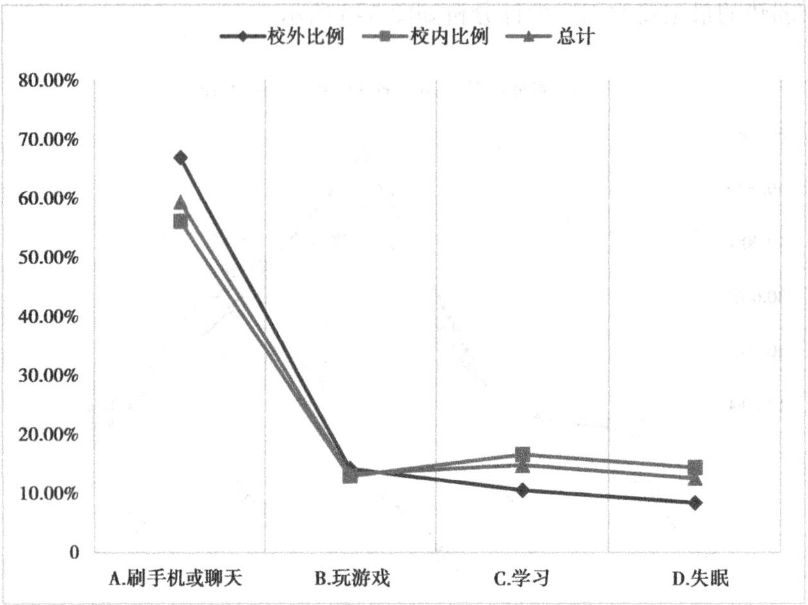

图 5-5 “经常熬夜的原因”统计分析图

（三）体质弱势群体的体育教学

在“改善体质弱势最重要的驱动力”调查中，“自身的认知提升”占 48.20%，“学校体育锻炼的氛围”占 28.80%，自身认知的提升和体育锻炼需通过体育教育实现。问卷调查“改善体质弱势最重要的驱动力”统计分析如图 5-6 所示。

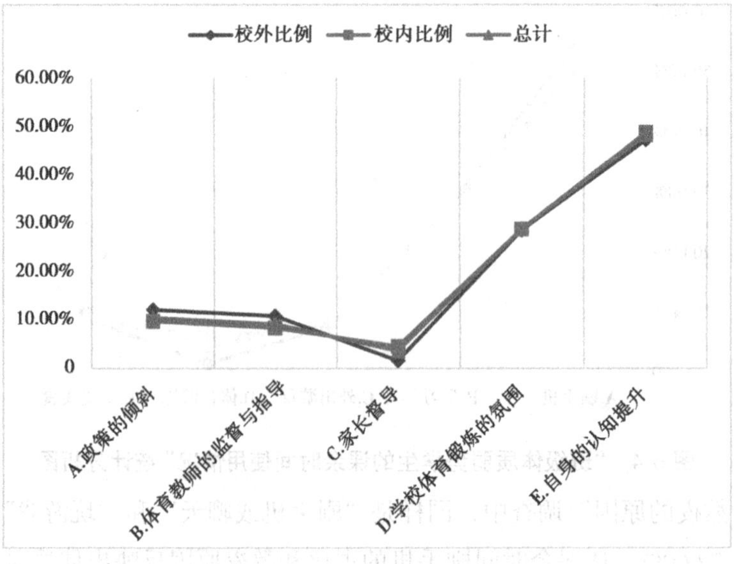

图 5-6 “改善体质弱势最重要的驱动力”统计分析图

1. 教学形式

在“改进体质弱势学生现状最有效的措施”问卷调查中，“加强体育课堂教学个性化指导”和“加强课外体育锻炼个性化辅导”占比分别为 23.30% 和 30.30%，成为学生选择最多的选项，而其有效性通过前述“湖北警官学院毕业生 2016—2022 年体测统计数据”有所验证。“改进体质弱势学生现状最有效的措施”统计分析如图 5-7 所示。

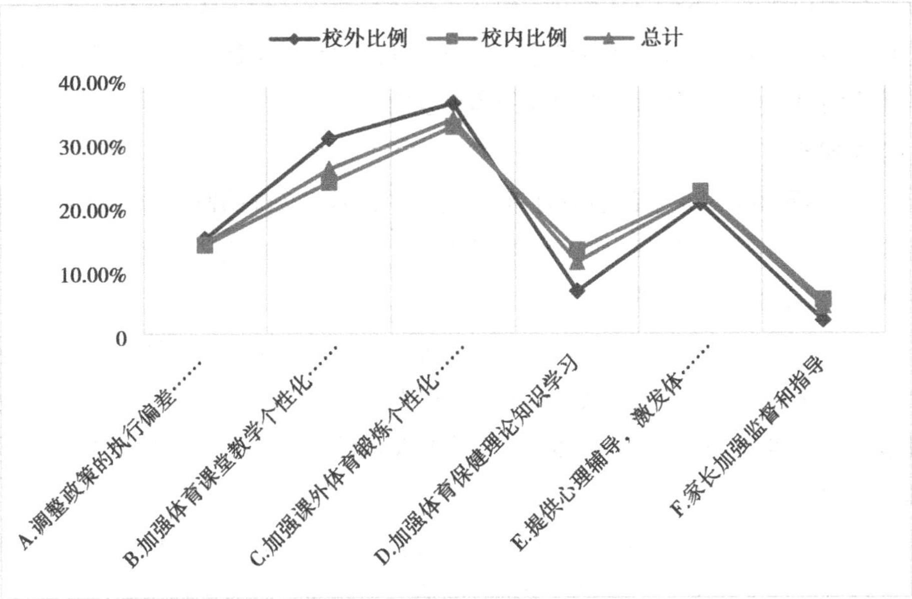

图 5-7　“改进体质弱势学生现状最有效的措施”统计分析图

在课堂教学组织实施的实践中，按照行政管理方式进行班级编制，体育教学目标和内容相对统一。教师注重大多数学生的体质健康目标的达成和体育锻炼习惯的培养，较少考虑体质弱势学生的差异性，难以调动其学习的积极性。

我国学校体育教育中，“两操一课”是保障学生体质健康的主要形式。相较于有强烈优劣对比的体育课堂，体质弱势学生的个性化教学更愿意在课外，在两类数据中校外“加强课外体育锻炼个性化辅导”与“加强体育课堂教学个性化指导”分别是 32.60% 和 27.60%，校内分别是 39.30% 和 21.40%，体质弱势学生更倾向宽松、包容的体育环境，这也从侧面反映了体质弱势学生的自卑心理，相较于普通学生，其集体的融入度相对较低。调查问卷“改善体质弱势最重要的驱动力”的 5 个选项：政策的倾斜（10.40%）、体育教师的监督与指导（9.10%）、家长督导（3.60%）、学校体育锻炼的氛围（28.80%）自身的认知提升（48.20%），“学校体育锻炼的氛围”远高于其他 3 项，体质弱势学生需要一个更加有包容度和宽松的体育教育环境，这是影响体质弱势群体体育锻炼行为的重要因素。

在 2016 年首届毕业生联考体能测试高淘汰率之后，湖北警官学院将淘汰率和院系工作指标挂钩，促使全院各系提前组织筛查徘徊在体能考核合格标准线的学生，对他们进行个性化体育指导，给每个学生制订专门的训练方案，由教师通过专业的个性化课外指导，弥补课堂教学的不足。为提高体能考核的合格率，从学校针对体质弱势学生的体育教学方法来看，体育课堂教学没有采取个性化的分层教学，而是采取阶段性的、短期的、突击性的课外训练。虽然在毕业生体能合格率上取得了一定成效，但忽视了体质弱势群体体育教学的个性化需求和体育锻炼习惯的培养。以体能考核达标为主要目标的体育教育，导致学生的体育行为功利化，不论是体育教学模式还是体育教学评价，体质弱势学生在这种功利化教育场域中都处于被动和不利的情景，缺乏对体质弱势学生体育教育的持续性，无法形成培养体质弱势学生良好体育锻炼习惯的体育氛围。

2. 教学模式

在“改善体质弱势最重要的趋动力”问卷调查中，“体育教师的监督与指导”选项低于“政策的倾斜”选项的占比，反映出体质弱势学生对现有的教学模式认可度不高。普通高校针对体质弱势学生的体育教学模式有如下三种。

1）随读模式。体质弱势学生和普通学生同班、同步、同课程内容和目标，但受身体条件所限，任课教师会降低上课要求，甚至以旁观者的身份参与某些有一定难度或强度的教学环节。这种体质基础不同的群体在同一个教学场域里上课会形成对比和反差，容易导致体质弱势学生的自卑心理和成绩评定的失公。

2）保健课模式。保健课模式是国内最常见的针对病弱学生群体开展的体育教学方式，但教学内容偏向理论知识，无体育教学特有的活力和互动，没有运动体验也就无法通过运动改善体质健康，不利于体质弱势学生体育锻炼习惯的养成和终身体育意识的形成。

3）免修模式。免修模式形式上是对体质弱势学生的人文关怀，实质是削减其接受体育教育的机会，导致体质弱势学生产生逃避体育课和体育锻炼的消极心理，不利于体质弱势学生体质健康的改善。

以上三种体育教学模式是基于体质弱势群体可能存在的运动风险考量，对未知的运动风险的泛化，成为学校进行体育教学和体质弱势学生参与体育课程的障碍。同时，这种并非依据学生主观意愿和兴趣爱好的教学，将体质弱势学生与普通学生分开教学，变相地削弱了体质弱势学生享受课堂育体的机会，有利于普通学生的教学组织和教学目标的达成。课程设置不科学、学习机会失衡、教学评价不合理、教学保障不完善等现象，导致体质弱势学生消极应对在体育场域的体育行为。

运动风险不应是患有疾病或生理缺陷的学生不参加或不能参加体育活动的理由。医学界建议患有疾病甚至重病患者在康复期适度运动，有助于病体的恢复。在运动相关风险分层主要依据变量中，“缺乏规律的运动习惯”是非核心变量之一，所以，适度的、有规律的运动对于疾病的改善有正向作用。部分先天性疾病患者通过长期的、科学的体育锻炼，可以提升身体机能状况。遵从教育的本质，全社会更应该通过体育教育给予体质弱势群体关爱、共享体育教育资源，传达每一个生命都值得被尊重的现代社会的生命价值观。

以运动风险作为减少或取消体质弱势学生的体育锻炼，有违“运动是良医”的共识。2015 年，教育部印发的《学校体育运动风险防控暂行办法》中第一章第四条强调，教育行政部门和学校不得以减少体育活动的做法规避体育运动风险。这是对教育行政管理行为的指引，但对体育教学活动同样有指导作用。

对体育运动风险的错误认知，降低了病弱和体质弱势学生的体育锻炼意愿，是“体育教师的监督与指导”低于“政策的倾斜”一个重要原因，是影响体质弱势学生体育课程参与度的另外一个重要因素。

3. 教育管理

学校管理措施的改进对体质弱势群体锻炼的有效性在公安院校的纵向研究中已有体现，在健康的生活习惯的培养上也有促进作用。

学校对学生作息时间和早操有较为严格的管理要求，对大学生的身体健康有一定的积极作用。这在吃早餐和睡眠习惯上有所体现，大学生“饮食习惯”和“睡眠习惯”统计分析如图 5-8、图 5-9 所示。

对公安院校（校内）和其他院校（校外）的学生在饮食习惯、睡眠习惯和熬夜情况进行对比调查。校内学生“三餐基本按时”的比例是 80.05%，远高于校外的 50.26%；“基本不吃早餐”的校内占 4.96%，校外占 20.79%，校内学生远低于校外；“经常不吃早餐”的比例校内占 3.16%，校外占 13.16%，校内学生低于校外。警务化管理的学校学生在饮食习惯上优于其他学校学生。

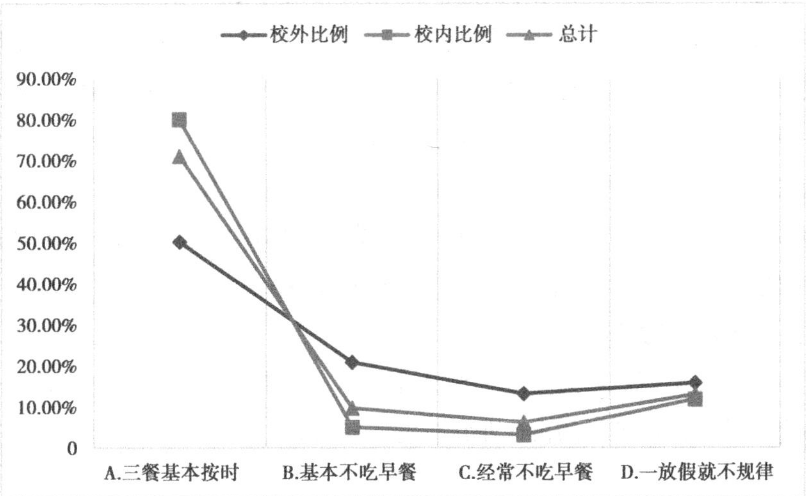

图 5-8　“饮食习惯”统计分析图

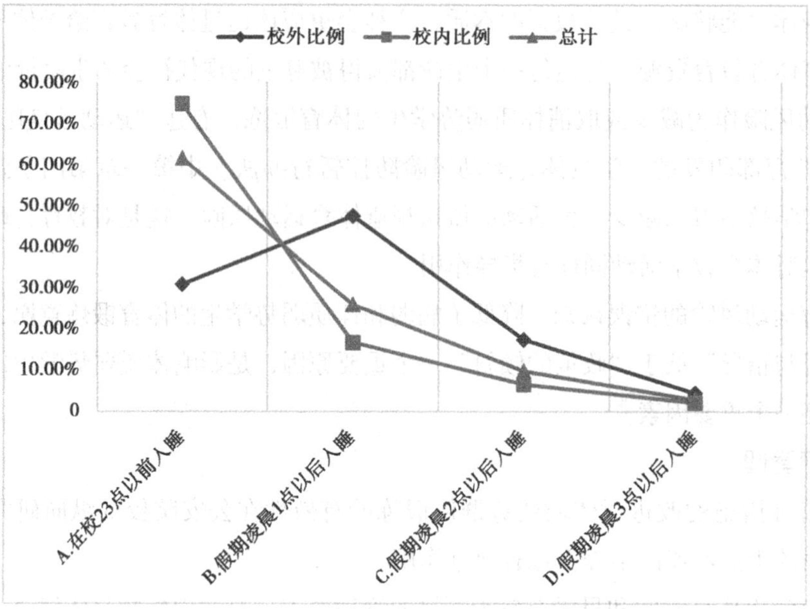

图 5-9 “睡眠习惯”统计分析图

在睡眠习惯上，“在校 23 点以前入睡”的学生校内占 74.63%，校外占 30.79%。“假期凌晨 1 点以后入睡”的学生校内占 16.69%，校外占 47.37%；“假期凌晨 2 点以后入睡”的学生校内占 6.54%，校外占 17.37%；“假期凌晨 3 点以后入睡”的学生校内占 2.14%，校外占 4.47%，无论是在校期间还是放假期间，校内学生的睡眠习惯明显好于校外学生。本校严格的作息管理对学生的健康睡眠习惯的养成有正向的促进作用。

4. 教学手段

当下，信息化辅助教学在体育教学实践中的运用越来越广泛，课外的运动指导和监测可以利用网络平台 APP 实现。网络平台 APP 的多元化可以让学生的体育学习时间和地点的自由度更高，是实现体质弱势群体差异化指导的重要手段。但体质弱势群体体育锻炼行为缺乏自律性，在问卷调查中，有 47.90% 的学生表示“下载了运动类 APP，但不能坚持用”，所以在指导学生使用网络平台 APP 的过程中，要同步提升监督反馈机制，增加线上与线下的联动，才能发挥好网络平台 APP 的效能，对体质弱势群体的体育锻炼指导才能得以实现。“使用运动类 APP 的情况”统计分析如图 5-10 所示。

（四）身体质量指数超标

体重是衡量体质健康水平的重要指标，在关于“学生身体质量指数”情况调查中，两类调查群体身体质量指数各段的占比非常接近，如图 5-11 所示。

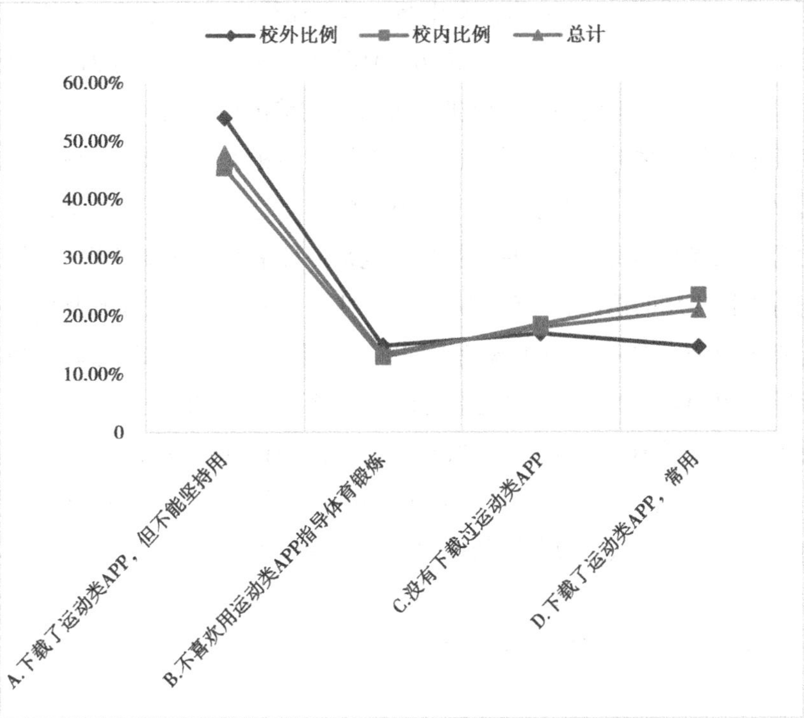

图 5-10　“使用运动类 APP 的情况”统计分析图

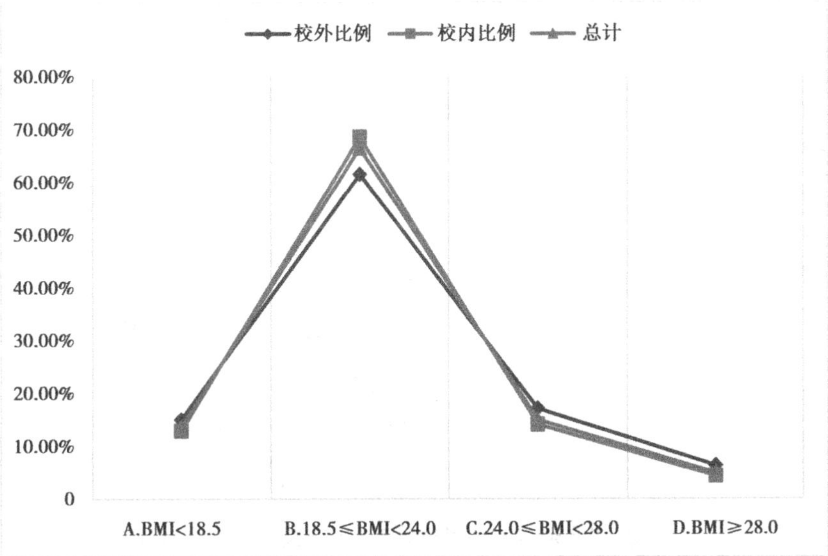

图 5-11　“学生身体质量指数”统计分析图

体重过低（BMI < 18.5）的总占比 13.60%，超重（24.0 ≤ BMI < 28.0）的占比 15.00%，肥胖症（BMI ≥ 28.0）的占比 4.90%，体重超标（含超重和肥胖症）的总占比 19.90%。

相较于体重过低，超重对体质健康测试项目成绩的负面影响是显著的，身体质量指数严重超标者，中长跑（男生 1000 米，女生 800 米）往往也难以达标，在毕业招录淘汰的学生比例中也呈现出这个特征。在本校 2016 年体测不达标的学生中有 21 名是体重超标者，占比 77.78%。超重与低体能水平的相关性，是体质弱势的原因之一。

超重和肥胖症导致体质弱势最重要的原因是与疾病相关。中国人民解放军总医院内分泌科专家母义明医生指出，研究表明约有 200 种疾病与超重和肥胖症相关，超重和肥胖症可谓百病之源。肥胖症本身就是一种慢性病，也是一种中间的危险因素，是糖尿病、高血压、冠心病等慢性疾病的诱因，导致和加速了一些疾病的发生，大学年龄段一些慢性病的病理症状已有所显露。25—50 岁出现超重和肥胖症患者全因的死亡风险达 30.00%，心血管的死亡风险达 48.00%，所以 25 岁之前是体重管理的关键时期。

由于超重和肥胖症还对生育、心理以及就业方面有影响，所以超重和肥胖症已不仅仅是个人和家庭的问题，还是一个社会问题。在身体质量指数不合格导致的体质弱势学生“是否有计划通过体育锻炼改善”的提问中，52.10% 的学生选项是“会，但不能坚持”，37.30% 的学生选项是“会，但不知道怎样做”。如图 5-12 所示。体质弱势学生对指导实施科学减重、养成良好的运动习惯和健康的饮食习惯的需求较大。

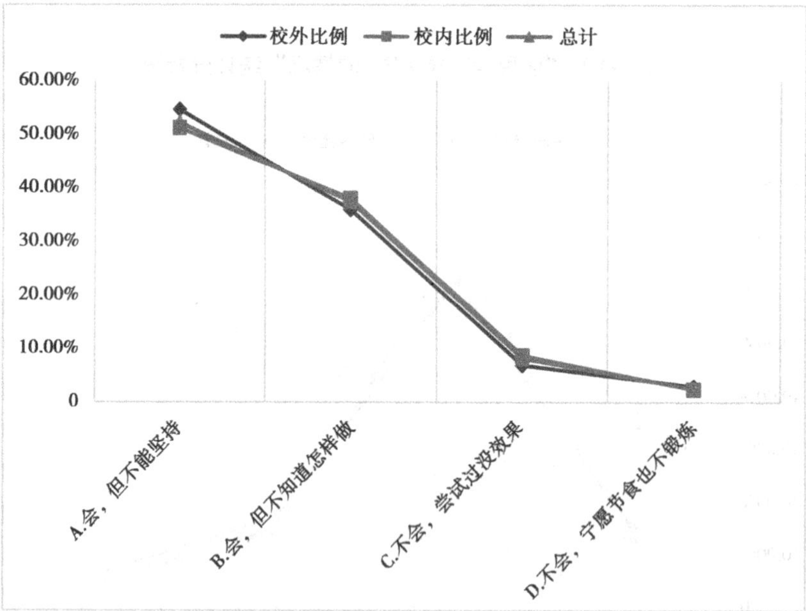

图 5-12 “是否有计划通过体育锻炼改善”统计分析图

由于课堂内外并没有专门的教学指导，学校体育教学和体质弱势群体的现实需求之间存在偏差，也是影响体质弱势学生健康教育效能的因素之一。

（五）体质弱势群体政策

在“改善体质弱势最有效措施”和“改善体质弱势最重要的驱动力”两方面的问卷中，“调整政策的执行偏差，严格落实奖惩制度”和“政策的倾斜”总占比分别为 12.80% 和

10.40%，甚至作为影响驱动力的“政策的倾斜”高于“体育教师的监督与指导”9.10%。

《标准》测试数据是高校评选体质健康达标优秀学生奖励的依据，也是监测学生体质健康变化的重要依据，通常由体育教学部门负责数据采集，教学管理部门负责数据汇总上报，加上免测申请的学生的体检信息，实际上至少有三个部门之间需要进行信息共享。以合格率作为学校体育工作的评价方式，往往对数据的观测重点在优秀和合格率等方面，却没有监测体能弱势学生的动态变化，未能发挥《标准》对体质弱势群体的反馈调整和引导锻炼的功效。

调查问卷的结果反映了高校体育教育受众对《标准》政策的执行情况有所了解，对其促进作用有所期待。

2018 年至 2022 年教育部、国家体育总局相继发布了针对学生体质健康方面的宏观管理和政策导向的相关文件，在所有政策文件中，《标准》在一定程度上是最贴合学生体质健康促进的有效文本，在调查问卷“相较于高中时期的体质健康测试成绩，大学阶段的变化趋势”中“略有下降”和“下降明显”总占比分别为 35.50%、7.40%，显示出学生体质水平呈下降现象，而校内毕业招录体能测试的比例方面也能说明体质弱势学生体质水平下降的动态变化，这与之前学者的研究结果一致。每年开展的《标准》测试数据上报后，未达标和成绩下降的数据没有引起足够关注，在体育教学实践中容易因其隐蔽性而被忽视，这也说明《标准》存在政策的监测功能不足的问题。

在中小学阶段体质弱势群体的体育锻炼行为和体质健康改善情况不被关注，导致体质弱势群体的健康问题遗留至大学阶段，同时学校体育健康教育的功利性导致体质弱势学生对体育锻炼认同产生负面效应，对体育课以及相关体育活动消极应对。

大学期间，《标准》免测规定将病弱学生排除在《标准》测试活动之外，教师在体育考核成绩中给予降低标准的“照顾”，这些表面上的政策优待实际是对体质弱势学生的“边缘化”，造成师生之间、同学之间的距离感，降低了体质弱势学生体育锻炼认同，减少其参与机会和参与意愿，教育受众对体质健康问题的忽略和对其体质健康教育的损害，这种政策执行中的负面影响是应试教育时期的延续，有悖于体质弱势学生健康改善的本真需求。

《标准》在执行过程中出现偏差，削弱了对体质弱势学生的监测指导功能的政策预期，政策的外在驱动力不足，降低了体质弱势学生对体育锻炼的认知和认同，是体质弱势学生“体育锻炼少”的外在因素之一。

（六）体质弱势群体心理干预

在“改善体质弱势最重要的驱动力”中作为内在驱动力选项的“自身的认知提升”总占比达 48.20%，从数据上凸显了体质弱势学生内在动力不足的短板。

在“体质弱势学生参加体育锻炼不积极的最主要原因”问卷调查中，“怕累，不爱运动”总占比 52.20%，校外的问卷中此选项占比 63.42%。在本院毕业生体能测试中，

1000/800 米成为体能测试淘汰的主要项目，也反映出体质弱势学生在有挑战度项目中的“怕累”心理，说明体质弱势学生在体育场域里存在意志薄弱、畏惧等消极心理状态。如图 5-13 所示。

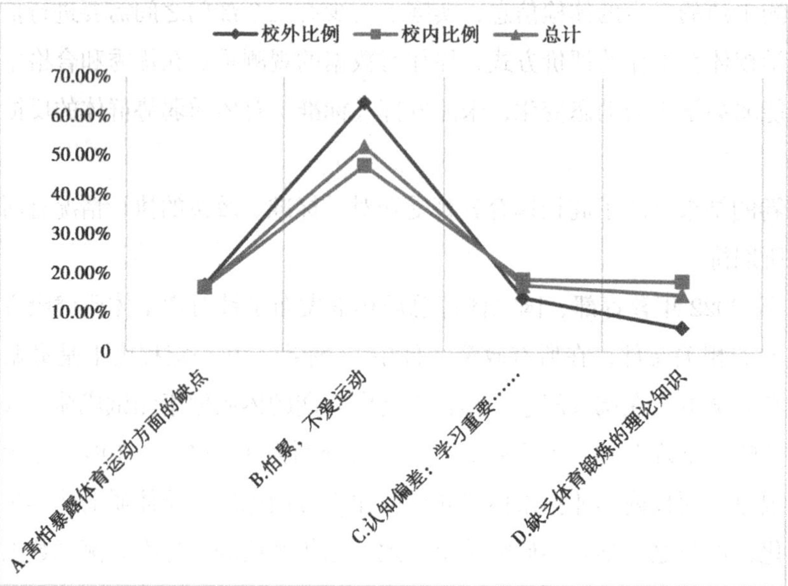

图 5-13 “体质弱势学生参加体育锻炼不积极的最主要原因”统计分析图

在体质弱势学生“使用运动类 APP 的情况”调查中，选项“下载了运动类 APP，但不能坚持用”占比最高，达 47.90%，说明意志力薄弱是体质弱势学生难以通过体育锻炼有效改善体质的重要因素之一。

在班级体质弱势学生的课余时间活动情况的题项中，校内和校外调查表反馈的数据非常接近，“刷手机”占 50.10%，“学习”占 27.80%，体质弱势学生在课余闲暇时间选择“刷手机”和“学习”总占比近 80%，远高于参加体育锻炼的 4.66%，表明体质弱势学生参加体育锻炼的主动性低。

体质弱势学生选择与心理关联高的选项“害怕暴露体育运动方面的缺点”占 16.50%，学生因过高和过于泛化的羞怯自卑心理降低了体育锻炼的意愿，消极的心理因素对肥胖症学生和因病弱势的学生体育锻炼行为的影响更为显著。

在“导致大学体质弱势的最主要原因”调查中，“不自律”是仅次于“体育锻炼太少”的高占比选项。从体质弱势群体体育学习偏好到课外活动各方面的调查中所表现的意志薄弱、自卑、畏惧、逃避、抗拒等负面心理效应来看，心理干预是改善体质弱势群体体育锻炼行为内在驱动力重要的教育需求，心理辅导缺失是影响体质弱势群体内驱动力的重要因素。

（七）体质弱势群体家庭健康教育

在“改善体质弱势学生现状最有效措施”和“改善体质弱势最重要的驱动力”两类问

题中，家长的“监督与指导”在所有选项中占比最低，分别为3.90%和3.60%。相较于中小学阶段，大学生的心智发展趋于成熟，对外界事物认知、体质健康的重要性以及自身未来发展和社会需求有更多的了解。调查结果显示，家长的督导作用已经非常微弱，与高中之前的学习和生活方式相比，大学生更加独立，学校和家长之间的沟通也没有之前的多，这是体质弱势学生家庭健康教育缺失的主要原因。

“每个问题孩子的背后，都有一个问题的家长”，同理，高校体质弱势学生受众的问题映射出其家庭体质健康的教育误区。受社会风气、传统理念以及应试教育压力的影响，体质弱势群体家庭普遍认为最重要的是文理科知识的学习，体育锻炼给文化知识学习让步，错过身体素质提高的关键期。另外，一些超重学生反映出体质弱势群体家庭对健康营养知识的缺乏，没有认识到营养均衡和吃动平衡对健康的重要意义，没有注重培养体质弱势学生良好的饮食习惯和体育锻炼习惯。进入大学阶段，价值观的形成和住校等原因，家庭教育对固有的不良饮食和体育锻炼习惯的干预力度已经非常有限。

（八）体质弱势群体健康社会价值取向

在“体质健康状况作为入职选岗的硬性指标，你认为对促进体育锻炼的作用”调查中，认为“有促进作用，会有计划加强体育锻炼”的学生总占比达60.90%，说明体质健康的社会价值取向对大学生体育锻炼行为影响非常大。如图5-14所示。

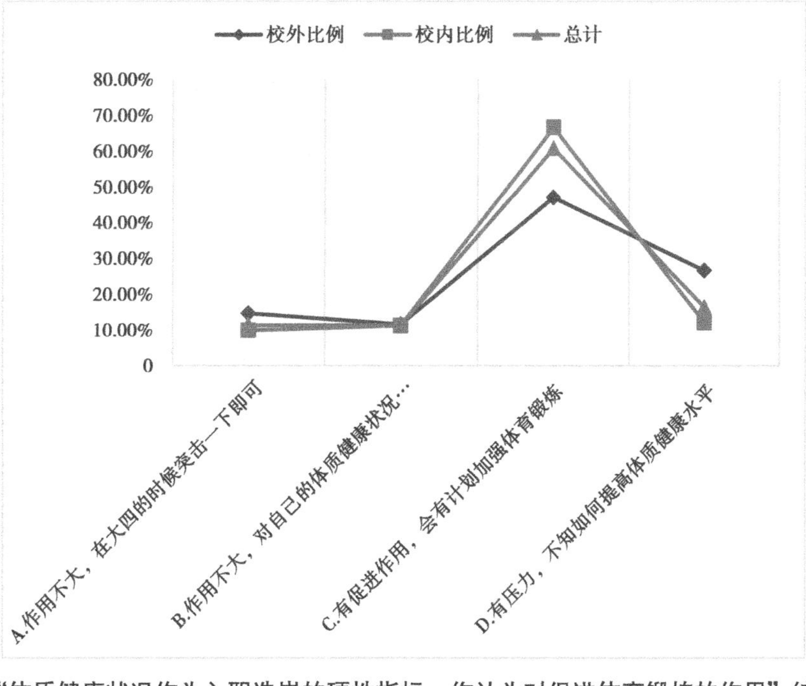

图5-14　“体质健康状况作为入职选岗的硬性指标，你认为对促进体育锻炼的作用”统计分析图

在大学生进入社会求职过程中，大部分用人单位对大学生的学历水平、专业知识结构有细致明确的要求，体质健康貌似有要求，实则无要求，认为用医疗体检来筛选即可，所以招聘栏中的健康状况“良好”成为标准和统一答案，导致不同体质健康水平学生的优劣情况，在“良好”中全部覆盖，忽视体质健康与生理健康的区别，亦是忽视体质健康与社会适应的相关性。大学生在求职过程中的趋利心理，也会因求职中的“非必要”条件而使其不重视体质健康，失去了社会层面的引导效力，这种引导力的缺失，对体质弱势学生受众可能更为严重。

就业只是职业的开始，未来的职业竞争力不仅是学历、能力和绩效的比拼，也是健康身体的比拼，体质健康的弱势也会是可持续职业竞争的短板，所以，在大学期间改善体质健康状况，为未来职业做好健康储备，这是体质弱势群体应有的认知需求。

另外，社会流行的不健康的审美对学生的体质健康认知有影响。在关于学生身体质量指数情况调查中，身体质量指数低于 18.50 的占比 13.60%，肥胖症的比例占 4.90%。体重是体质健康的重要指标，超重因直接影响体能成绩，在教育实践中容易受到关注，但超轻却容易被忽略。尤其是女生，受社会潮流审美的影响，没有认识到不健康的节食和不科学的控制体重的方式会损害身心健康，反映出体质弱势群体对健康认知的不足，这也是高校体育健康教育的不足之处。

第五节
结论分析

1）高校体质弱势群体因身体状况的局限，体育锻炼自律性差，自主锻炼的能力不足，在纵向和横向研究数据中都有明显体现，这是导致其体质弱势主要内在因素。

2）体质弱势群体在体育场域中的自卑、意志力薄弱等消极的心理状态，是体育锻炼行为改变被动的心理因素。对体质健康的重要性认知不足，也会在导致其社会价值利益的取舍中忽视健康，缺乏正确体质健康价值观，这是形成体质弱势学生内在动力不足的主要原因。

3）《标准》政策的执行偏差，削弱了对体质弱势群体的动态变化的监测和教育指导的效能，导致政策的外在驱动力不足。运动风险的泛化导致病弱、超重学生的课堂内外体育锻炼的参与度低，缺乏专业的健康指导，也难以促进体质弱势学生的体育锻炼行为。

4）个性化的专业指导对体质弱势学生体质健康状况改善有明显的促进作用，但对体质弱势群体的个性化辅导存在突击性的教学现象，对体育锻炼行为的改变缺乏持续性，没有形成常态化的体质健康促进机制。另外，高校体质弱势群体家庭健康教育效能低，没有和学校形成健康教育有效合力。

5）高校体质弱势群体在体育锻炼习惯的养成、体育健康认知自律性、意志力等方面存在一定的问题，依赖体质弱势学生自我管理，放任其游离于大学体育教育环境之外，导致这部分学生成为高校健康教育的“盲区”，形成内外驱动力的双向缺失，错过大学体质健康改善的最佳时期。在纵向调研中，加强预警、监测和管理对健康习惯的形成有明显的促进作用。

第六节

基于教育诉求的高校体质弱势群体健康教育干预策略

高等院校体育教育改革进行了一系列尝试，从增强学生体质到促进学生身体健康，从竞技化到趣味化，从淡化运动技能到鼓励积极运动参与等。校园体育活动不断更新，营造出宽松、包容、活跃、多样的高校体育环境，为提升学生参加体育活动的兴趣、积极性和自信心提供了有力的外部保障，对激发大部分学生养成终身体育锻炼的习惯起到非常重要的作用。但缺乏针对体质弱势学生的高校体育教育改革，基于本次纵向和横向研究提出的“宽教严管”干预策略，弥补体质弱势群体体育锻炼行为改变的内外驱动力不足，即拓宽体质弱势群体的教学体系，加大体医融合科学指导力度，严格体质弱势群体的教育管理，形成“宽严相济”的体质弱势群体健康教育体系，促进健康教育可持续良性发展。

一 拓宽体质弱势群体课程体系

高校体质弱势群体的差异性不仅是教育困境，也是体育教育和医学研究资源。2020 年，中共中央办公厅、国务院办公厅印发的《关于全面加强和改进新时代学校体育工作的意见》，以及《教育部等五部门关于全面加强和改进新时代学校卫生与健康教育工作的意见》都强调树立“健康第一”的理念。高校体质弱势群体健康教育体系建设和完善是“健康第一”指导下的全面发展学校体育教育公平性目标。

体质弱势群体健康教育的基点是体育课程教学，也是提升体质弱势群体健康认知和营造良好体育锻炼环境的关键环节。免修、免考对体质弱势学生的身体健康状况的改善不仅没有促进作用，反而会降低全体教育受众对体育运动重要性的认知，强化义务教育阶段对体育课可有可无的错误认知，降低体质弱势群体体育锻炼的参与度和体育锻炼行为的改变能力。从课程管理来看，这种“照顾”性的免修、免考是将其在体育场域下和普通学生分隔开来，便于学校层面的教学管理，暗示体质弱势群体不是体育课堂教学的重点，导致体质弱势群体在体育场域的自卑心理。高校体育课程有着与应试教育阶段不一样的体育教育氛围，有利于体质弱势学生依据自身兴趣爱好选择适合自身体能水平和运动技术基础的体育锻炼项目，并且有4年的持续时间和相对固定的学习和生活空间，这4年是在体育锻炼中获得体质健康改善的最佳时期。

（一）多维的体育教学目标

在教育实践中，5个维度的目标受竞技体育泛化和评价方式便利的影响，高校体育教育评价体系中体能和技能水平是最高权重，体育课程成绩的达标或及格与否是可量化的唯一标准，并以此为依据制订和完成有规律的体育锻炼目标。

1）心理健康目标是鼓励体质弱势学生勇敢地接受、正视和尊重自己的生理或体能上的状态，从心理上接纳自我是培养体质弱势群体体育兴趣、体育意识和体育习惯的心理基础。心理辅助需结合体育技能和体适能训练的身体体验教育来同步实现，理解心理健康是体质弱势群体实践终身体育的内在驱动力的心理基石。

2）社会适应目标是体质弱势群体体育课程想要实现的挑战目标。在社会的发展中，每个个体都不能脱离社会而独自发展。在体育活动的竞赛规则、角色分工中重视遵守社会行为规范的教育，可以引导学生形成正确的世界观、人生观、价值观。体育中的竞争与合作可以提高学生正确处理人际关系的能力，是促进体质弱势群体的社会化需要，是体育锻炼内外驱动力效能的外在表现。

（二）丰富体育教学内容

目前体育保健课是高校针对体质弱势学生唯一的专项课程，主要以理论为主，希望学生通过了解相关保健知识加强自我锻炼和医学监督，但是缺乏课堂运动指导和体验，与丰富的高校体育课程内容形成反差。体质弱势群体的体育课程教学实践以身体练习为主，因身体状况特殊的局限性，丰富的体育教学内容可以扩大体质弱势群体差异性选择的空间，在教师的指导下依据生理、心理和兴趣爱好有所选择，提高体质弱势群体体育锻炼项目和健康改善的契合度，以及课堂教学效能。

高校体育课程内容有运动技能类、健康体适能类和体育康复训练等，细化这些课程内容，选择适合体质弱势群体的课程，关键在于师生对运动强度的控制。学者刘玉玺在《高校体质弱势群体调适性体育课程体系构建》中对不同教学内容的功效作了详细的分类。在民族体育类中，动作柔和缓慢的中国传统健体强身运动八段锦、五禽戏、三路长拳、太极拳等项目的运动强度可根据体质弱势学生的体质状况合理设计，对参与者基础的运动技能和身体素质（如肌肉力量、速度和灵敏性等）要求不高，是体育和医学界一致推荐的体育项目。田径运动类的慢跑、徒步等是体质弱势群体相对而言更容易实施和长期坚持的体育锻炼项目。

健康体适能是结合医学与体育来指导体质弱势学生，体育专业化指导要求高，使参与者自我锻炼时更加规律化、科学化。项目训练针对性强，符合体质弱势群体的差异性且具有挑战性的需求。

在体质弱势群体的体育课程中适度穿插相关的体育理论知识对提升体育的认知和兴趣具有促进作用。学生通过对人体科学理论、运动营养学等科目的学习，可以提高饮食的自律性和科学性；制订符合自身健康需求的膳食和科学合理的体育锻炼计划，在改善自身体质健康状况过程中加深对体育的理解；通过对体育项目理论的规则及裁判法、技战术知识的学习，可加深对体育项目的理解和学习兴趣，从运动竞赛的旁观者转变成为运动竞赛的参与者，走进赛场，感受赛场氛围，培养终身体育意识和锻炼习惯。

总之，学校依据自身办学规模和管理模式，立足校本特色，将体质弱势群体的教学目标与体质状况差异性相匹配，制订相应的多元化教学目标和多层次的教学内容，引导和改善体质弱势学生的锻炼行为。在教学内容的差异化及处方化方面，根据学生的身体情况、练习内容以及练习方式进行教学的过程中，注重培养学生的体育兴趣，帮助学生克服自卑心理，形成积极乐观的人生态度，从有效的康复体验中正确地认识体育的目的和价值，教师在帮助学生完成学习目标的同时，激发持久的内在驱动力。

（三）多元体育考核评价

教学考核评价是高校体育课程实施的重要手段，由于其本身所具有的导向和教育功能，对于促进学生的健康发展和成长有着重要的现实意义。受应试教育惯性影响，单纯以便于量化的体育项目测试成绩高低作为学生主要的评价指标普遍存在，这与体育课程 5 个维度的教学目标脱节，忽略了体质弱势学生综合素质和个性化发展需求。

体质弱势群体的教学考核评价指标需与教学目标和教学内容相对应，包括健康体适能（体能状况）、技术能力（运动技能水平）、运动参与（锻炼习惯）、心理适能（社会适应性）、理论知识（体育认知）5 个方面，如表 5-5 所示。

表 5-5　体质弱势群体教学考核评价指标

	评价指标	评价内容	教学目标
1	健康体适能	身体成分	体能状况改善程度
		心肺适能	
		肌肉适能	
		柔韧适能	
2	技术能力	技术能力进步程度	以初始基础为参照，检查学生技术掌握的水平
		技术运用能力	个人锻炼、同学配合、竞赛参与、指导他人
3	运动参与	锻炼积极性	行为态度、习惯、意愿等情感体验的自我评价
		课堂运动表现	课堂参与度

续表

	评价指标	评价内容	教学目标
4	心理适能	自我评价	自我价值感、运动能力、身体状况、身体吸引力
		情绪调节能力	焦虑、压力等负面情绪的控制和调节能力
		意志品质发展	抗挫折，勇于挑战、坚韧、不怕困难等意志品质
		人际交往能力	体育规范规则的遵守情况和人际关系的处理表现
5	理论知识	人体科学知识	提升健康认知和自我锻炼效能
		康复训练知识	

教师需要将5个维度的评价指标匹配到教学目标，明晰课堂教学方向，避免“照顾性”模糊评价，提升体质弱势群体体育课堂指导效能。

二 拓展课外健康教育体系

（一）创建体质弱势群体体育俱乐部

课外活动在时间和运动项目上有比较大的选择空间，是营造良好体育环境和体育活动氛围的重要体育教育场域，是体育教育课堂教学的课外延伸和补充。在调查问卷的多项指标中显现出体质弱势群体偏好课外体育锻炼的场域，课外体育锻炼从体育锻炼的方式和心理上更贴合体质弱势群体的差异性需求。创建体质弱势群体体育俱乐部，是符合当下高校开展课外活动的组织形式，可以有效弥补体质弱势群体课堂内外体育健康教育的不足。

体育俱乐部是一种通过组织和管理体育运动的方式，配备专业人员，提供全面的体育锻炼和服务的组织形式。体质弱势群体体育俱乐部不仅能为其提供丰富多彩的体育运动项目和锻炼方案，更可以为学生提供一个社交活动平台，促进社会关系的建立和发展。

成立高校体质弱势群体俱乐部是为了更好地促进学生的身体健康和全面发展，摆脱独立面对因体质弱势而带来的不利状况。体质弱势群体在身体素质和体育心理方面与普通学生相比皆处于劣势，身体状况类型多样，运动水平参差不齐，需求差异明显，体育俱乐部可以发挥其差异化、个性化的教学优势，充分利用师资力量和校园体育场地、体育器材等硬件设施，制订和提供更加个性化、专业化的训练指导和服务，满足不同类型、不同层次学生的体育锻炼的迫切需要，帮助他们逐步提高体质，弥补体育课堂教学的不足。

体质弱势群体体育俱乐部在制订个性化的方案中，运动时间和方式上更加灵活，更容易保证日常锻炼的频率，增加身体锻炼量，提高体育锻炼的持续性，有利于锻炼习惯的养成。

体质弱势群体体育俱乐部举办多层面、多类型的适合体质弱势群体的运动竞赛，合作精神、团队意识和自信心在潜移默化中形成，推动体质弱势群体积极参与“阳光体育健身活动”，在良好的体育氛围中塑造其对体育运动的兴趣和积极的体育锻炼心理。

在俱乐部中，体质弱势学生能够结交经历类似、志同道合的朋友，形成自己的社交圈子，缓解心理压力，赢得心理支持，消除对体育锻炼的畏惧心理，共同营造宽松的体育锻炼的氛围，有利于体质弱势群体的体育锻炼心理的改善。

（二）完善体质弱势群体的心理健康教育

健康弱势群体通常会因身体条件的限制，感到与其他同学的差异，产生自卑情绪，缺乏自信心会影响他们进行体育锻炼的积极性，甚至导致情绪障碍和心理压力的增加。社交隔离和孤独感会阻碍其参与某些体育活动或与其他同学一起参与社交活动，这会对他们的心理健康产生负面影响，增加焦虑和抑郁的风险。体形弱势群体对自己的身体形象感到不满，对自己的外貌或身体功能不满意，会影响他们的自尊心和心理幸福感。

体质弱势群体在面对未来就业和自我价值认同时可能面临困惑和挑战，他们可能担心自己的体质状况会影响就业机会和职业发展。学业压力和就业竞争可能导致焦虑和抑郁等心理问题，对他们的自信心和自我价值感产生负面影响。

体质弱势群体在体育场域里的自卑、畏惧、意志力薄弱等心理问题，是导致其体质弱势的内在原因，体育本身是“育体育心的过程”，心理疏导在运动过程中开展，单纯讲道理可能会陷入“务虚”的尴尬境地。在体育运动过程中去体验和改变，可以让体质弱势群体心理健康状况得到改善。在教学实施中，体育教师针对有的学生胆怯、缺乏勇气的情况时，鼓励他们在运动中去挑战一个个目标，先从难度较小的目标开始，在成功之后建立初步自信；然后一步步升级为难度更大的目标，若能克服难度大的目标，则会赢得更多人的尊重和认可，自信心会进一步增强。所以，在体育教学目标中，差异性的教学目标是有针对性地降低难度，在体育课程体验中获得成就感，增加自信心；在教学内容上让体质弱势群体有更多的选择，丰富的教学内容有助于培养体质弱势群体的体育锻炼兴趣。五个维度的体育评价标准，让体质弱势群体认识到体育对心理健康的积极作用，有助于提升个体的社会适应性。

建立体质弱势群体体育俱乐部是为体质弱势群体营造良好的体育锻炼氛围的平台，通过定期组织活动、座谈会和交流分享，体质弱势群体可以共同面对困难、分享经验、释放不良情绪、缓解心理压力、赢得鼓励和心理支持。

各校可以根据体育场地设施配备情况和现有教学条件，将课堂教学和课外训练相互融合，拓宽差异性体质弱势群体体育课程体系。在前述的公安院校中，4 个学期的课程中安排 8 个体育科目的教学内容，不局限于教学学期完整性，而是前 8 周一个体育教学科目，后 8 周是另外一个教学科目，让学生尽可能多体验体育项目。4 个学期，学生体验体能（田径）、篮球、排球、足球、乒乓球、武术、拓展训练、游泳急救等 8 个体育科目，发掘自身体育爱好，为后一阶段自主锻炼打好兴趣基础。

体育教师在体质弱势群体的体育教学中，依据体质弱势学生身心的局限性和差异性，从各类教学内容中，选择合适的体育项目开展教学活动，获得愉悦身心的体育锻炼体验，提升体质弱势群体体育锻炼的参与度。

（三）补齐体质弱势群体家庭教育短板

高校体质弱势学生的问题映射出其家庭体质健康教育的误区，从应试教育阶段到大学教育的转换中，学生和家长的身心距离拉开之后，家庭健康教育的作用急剧变弱。也正因如此，体质弱势学生的家长理应知晓《标准》评定结果，学校也应将健康改善情况及时反馈给家长，并以此引起家长对学生体质健康教育的重视，与学校的体质健康教育无缝衔接，形成家校合力，这是体质弱势学生体育教育协同促进的必要之选。

（四）加强宣传教育，提高体质弱势群体体质健康认知

生活质量的保障和幸福生活的基础是体质健康。体质弱势学生因对体质健康的重要性认知不足，往往在社会价值利益的取舍中忽视健康。从当下的就业价值取向中可以看出，未来社会就业竞争越来越激烈，健康的身心是高强度和团队适应性的职业保障，所以对人才的综合素质要求也越来越高。另外，体质健康状况的改善不是一蹴而就的，是否有锻炼习惯成为部分人力资源考查人才意志力和攻坚克难能力的指标。所以，体质弱势学生在进入高校之后，不但要有学业、就业的规划，更应该有体质健康改善的规划，以提升竞争力。高校应该在组织丰富多彩的体育活动时，鼓励体质弱势学生积极参与；建立健康信息共享平台和微信公众号等社交媒体，引导体质弱势群体通过低成本的健康教育方式扩大对健康的认知；组织各类健康知识宣传活动，介绍健康生活方式，提供健康饮食和运动指导，促进学生身体健康与心理健康。

三 健全“体医融合”教育指导与防控体系

（一）深化体医融合

建立高校体育与医学跨学科联合研究机构和实验室，设立相关课程和项目，加强体质弱势群体科研团队建设，搭建交流平台，引入医学专业的知识和技术，提升高校体育医学水平。

针对体质弱势学生尤其是病弱学生的体育运动健康监测主要由合作方的医院团队来完成，这也是学校和医院合作的主要目的之一。目前各大医院都搭建有远程随访平台，可以开展网上问诊，结合远程移动终端定点服务网络技术的普及，体质弱势学生的健康诊疗数据可实现云端储存，当体质弱势学生有健康指导需求或身体状况变化时，可通过网络平台便捷沟通，及时调整身体锻炼计划。

对于运动医学研究团队而言，对体质弱势学生在大学4年间的体质健康进行跟踪研究，是最好的第一手资料。相较于其他群体，在信息沟通、群体结构变化和处方实施效果反馈上更为有效和便捷，是构建“体医融合”底层研究数据的优质样本。

对于体质弱势学生，摒弃单纯的保健理论知识的学习和个人盲目的运动体验，在专业的医学团队的建议和指导下，通过规律的体育锻炼，从体育锻炼的旁观者成为体育锻炼的参与者，直至体育锻炼的获益者，是一项双赢融合，值得深入研究和普及推广。

（二）推进运动风险评估

高校体育之所以对体质弱势群体采取取消或减免体育活动的原因在于，疾病会导致运动伤害的不确定性和严重性，尤其是猝死的发生，这是学校和家庭都难以承受的意外，提升政策执行力和消除体育教学障碍的关键点是对运动风险的正确理解和科学防范。

运动风险发生与运动者个体因素、运动场地设施、组织管理和天气等有关，在运动者的个体因素中，健康人群在参与运动时同样面临受伤甚至猝死风险，因运动风险泛化导致体质弱势学生尤其是超重和病弱学生不能享受正常的体育教育机会犹如因噎废食。

随着网络和信息化的发展，在运动医学方面的成果可以指导体质弱势学生运动风险防控和运动处方运用，科技产品为体育锻炼行为和健康进行实时监测带来便利。穿戴类设备运用终端为体质弱势学生提供了更多选择。高校“体医融合”既有助于高校体质弱势群体健康改善，也有利于运动医学的实践探索，是促进两者相互融合的路径。

（三）健全意外事故应急机制

最大限度保证体质弱势学生的生命安全是学校全体师生的健康安全的需要。偶发小概率运动猝死事件导致运动风险的泛化，制约着体质弱势学生的体育教学和课外活动。运动中最危险的情况是猝死，但运动猝死的人群并不局限于体质弱势群体，普通正常人群甚至专业运动员依然有猝死风险。降低运动猝死发生的有效手段是每次运动前进行症状评估，早期识别风险，进行预防和后期的急救。一旦出现猝死，需要立即启动急救流程。第一反应人（接受过急救培训的旁观者）进行呼叫和求助并进行心肺复苏，能极大提高存活率和伤患者恢复之后的生活质量。在120急救车到达之前，配合自动体外除颤器（Automated External Defibrillator，简写“AED”）的除颤，存活的可能性和康复后的生命质量更高。如图5-15所示。

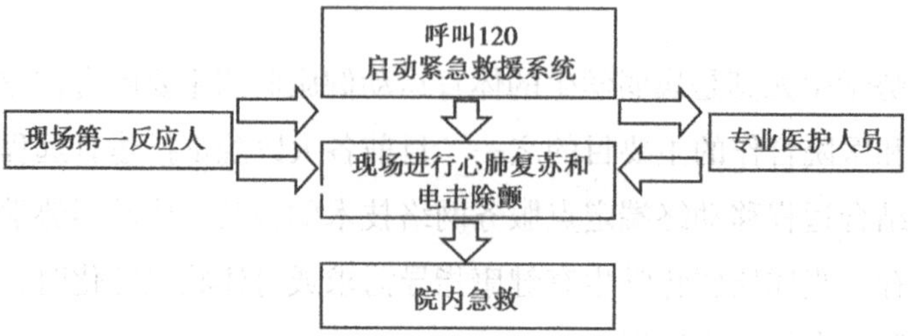

图5-15 运动场所应急响应处理流程

自动体外除颤器，是一种便携式的医疗设备，可以诊断特定的心律失常，并且给予电击除颤，是可被非专业人员使用的用于抢救心脏骤停患者的医疗设备。AED 不仅安全准确，而且易于使用，现广泛用于医疗场所和公共场所。

高校应为体育运动参与者提供更为安全的锻炼环境和应急保障服务，构建科学合理的校园急救响应系统。在公众急救日益受到社会重视的当下，高校应承担社会责任，加大急救宣传力度，让更多的师生参与到公众的急救中，在突发意外伤病事件时能及时正确施救，构建生命抢救黄金时间的“生命链”。这不仅是体质弱势群体建立的保护屏障，也是对所有人的保护屏障，更是传递社会信任和友善的举措。

总之，“健康中国”建设背景下，构建高校体质弱势学生“体医融合”体育教育体系，提升体质弱势学生的体育参与兴趣，改善其体育参与现状，满足日趋多元化的体育参与需求，发展核心素养，构建和谐校园是大势所趋。以运动医学为主导的高校“体医融合”需要各相关学科之间的紧密合作，结合科学的体检标准和个性化的运动处方指导，持续推进健康体育教育，为全面夯实体质弱势群体身心健康提供医学保障。

四　严格体质弱势群体健康教育管理

（一）严格落实《标准》政策，发挥激励、监测和引导效能

《标准》是国家关于学校体质健康教育工作的指导文件和教育质量基本标准，是评价学生综合素质和教育发展的重要依据之一，在一系列针对高校大学生体质健康的政策和实施方案中，《标准》是最贴合高校体质健康促进的政策文件，但因其文本和教育实施中的偏差，削弱了政策的效力。《标准》是高校开展体质健康促进工作的制度保障，政策文本和执行的偏差削弱了政策的公信力和权威性，削弱了对体质健康教育的约束力和驱动力，造成体质健康相关的教育活动流于形式，出现“放水式”的惩处和数据造假等偏差性政策执行，有违公平公正的体育精神，影响了高校体育教育生态，必须及时调整纠正。

对于《标准》政策，虽有各种不同的消极影响和负面应对，但其在促进学生体质健康方面的有效作用还是明显的，这表现出教育者和学生受众对体育教育政策驱动力和约束力的依赖和对其完善的期待，这在本次问卷调查的数据中也有体现。及时纠正在奖惩、数据采集、免测资格审查等方面的执行偏差，才能发挥好《标准》在促进体质弱势群体的健康教育效能方面的作用。

在学生体质健康奖惩的规定中，学生测试成绩评定达到良好及以上者，方可评优。高校将《标准》测试成绩作为学生毕业考核的一项指标，不达标者（4 年总成绩低于 50 分）毕业时按结业处理，关联学校毕业率、教育成本和教育资源等众多因素，实施时会有难度和障碍。奖惩机制的实施必然涉及体育教学部门、教务部门、院系等多个职能部门的协调

配合。在“以考促学”“以测促训”的有效的公安院校教育管理模式中,严格落实“淘汰制”对毕业率的负面影响是短暂的,对学生体质健康的整体提升具有持续性和广泛性。各个学校及相关部门必须认识到《标准》政策的严格落实对学校体育工作的意义和对体质弱势群体健康促进的作用,协同配合消除奖惩规定实施的障碍,发挥其对体质弱势群体约束力和驱动力的效能。

严格《标准》测试数据采集管理,保证测试成绩的真实性。《标准》奖惩的依据是测试成绩,成绩的“失真”影响政策执行的公平性和实效性。加强《标准》测试流程管理,保证测试数据的完整性和真实性,防止数据造假或流于形式的测试。

高校在体质弱势群体的健康教育中,要不断提高《标准》应用的信度、效度和区分度,强化教育激励、反馈调整和引导锻炼的功能,不断提高教育监测和绩效评价的支持能力。

（二）提升体质弱势群体健康监测管理水平

《标准》执行情况体现的是现有政策和教学实施中,对体质弱势结果的惩罚,缺少监督预警、运动参与、健康改善等指导和激励策略。体质弱势群体对“健康政策执行和倾斜”的需求,反映出高校体质弱势群体对体育教育现实的诉求和通过政策执行推动体质弱势群体教育改革的期待。

建立和管理高校体质弱势学生健康档案是健康监测的重要手段。高校体质弱势群体健康档案的建立便于管理和掌握体质弱势群体的身体健康状况,能够更精确地为其提供健康指导,有效提高体质弱势学生的身体素质和健康水平。《标准》测试成绩是筛选录入健康档案的依据,是发挥《标准》指导和监督作用的重要环节,是掌握体质弱势群体整体健康状况的基础数据,是开展医学研究、指导教学的依据。

高校体育教学部门采用科学的体检标准和方法进行定期体检,及时评估、更新体质弱势学生的身体健康档案数据,是一个动态管理过程。体育教师根据体质健康档案信息为体质弱势学生提供课程内容导向,体育教师据此为学生量身定制教学内容和考试内容,提高因材施教的效果,提高体育弱势学生体育课程学习效果,减少运动伤害和伤亡事故的发生,切实提高体育弱势学生的体质,为教学和医学指导提供服务,为学校的体育健康教育管理提供评价和奖惩依据。

建立体质弱势群体的健康档案。首先要建立个人健康信息档案,包括家庭病史、个人病史、药物过敏、身高、体重、血压、心率、骨密度等相关健康指标,并定期进行更新和管理。其次是定期体检,针对体质弱势学生进行定期体检,检查内容包括身体各项指标、运动状态、营养状况、心理状况等,以便及时发现和处理健康问题;再次要建立健康方案,医学团队依据健康档案中的病史和体检结果,合并体质弱势学生运动锻炼习惯,制订科学合理的运动处方。在为体质弱势学生制订的健康管理方案中包括饮食、锻炼、心理疏导等方面,以帮助学生保持身体健康和良好心态。体质弱势群体详细的、动态的健康档案是促进科学运动的指南，也是体医融合科学研究的基础要素。

学校要加强体质弱势群体体育锻炼和日常管理，体育教学部和医学团队依据健康档案和运动处方对体质弱势学生课外体育锻炼进行专项指导，为体质弱势学生搭建学习交流服务平台，及时掌握体质弱势学生的身体状况，尽可能为体质弱势学生提供全面、专业的健康服务，以此加强体质弱势学生的身体素质，改善身体机能弱势状况，提高体质弱势学生的综合素质，同时也促进整个高校的健康管理水平提升。

（三）提高网络平台服务监管水平

相关部门借助各校网络平台建设之际，提升体质弱势群体的健康教育网络化管理水平，为体质弱势群体健康教育实现过程评价提供科学支撑。

高校体质弱势群体在各个年级、各个专业零星分布和低占比，容易脱离教学和管理重心，成为体质健康教育的“盲点”。高校各部门应增强合作意识，按照协同配合、权责明确、目标一致的运行理念，打破以往各部门独立运行、各守一摊的格局，进而形成体质弱势群体健康教育的内在动机与外部环境融合发展的格局，体质弱势群体健康教育网络化管理是数字时代的产物，国家政策大力支持、信息化发展迅速也使网络化管理势在必行。与此同时，也要加强数据信息的安全管理。高校体质弱势学生在使用体育运动 APP 时，应该谨慎选择，并了解 APP 企业的数据保护政策，注意数据隐私和数据安全。同时，高校应该建立健全数据安全体系，制订 APP 使用规范，适当提高用户的安全意识和保护意识，避免在使用新技术的过程中产生数据泄露。

体质弱势群体的信息来源既有《标准》测试的数据，也有医疗系统的数据，有课堂教学的数据，还有动态变化的比对数据信息。数据信息的使用涉及的部门有体育教学部、医院、教务处、学生处等，建立体质弱势群体健康教育联动机制才能打破部门管理的行政壁垒和 2 年课程设置的时间壁垒，整合高校各部门资源，充分发挥各部门在教学实施、医学指导、社团活动、教务管理等方面的职能作用，拓展体质弱势群体的健康教育空间和时间。联动的体质弱势群体健康管理机构为体质弱势群体提供多元的体育锻炼指导和持续的健康反馈，可以有效避免在 2 年体育课程结束后的健康教育空当，这是促进体质弱势群体健康教育机制的结构性完善。

五 结语

体质弱势群体虽然只是高校体育教育受众占比较小的群体，却是提升体质健康教育质量的“关键少数”，此群体的体质健康教育差异性是体育教育和体医融合研究的有效资源。

通过由点及面的纵向和横向研究，探寻在体质弱势群体的健康教育中存在因体育锻炼自律性不足，缺乏专业化、个性化指导和自信心不足等原因导致的教育盲区，提出拓宽体质弱势群体的教学体系，营造以兴趣为主导的体育环境；深化体医融合，提升体育运动风险保障水平；严格落实《标准》政策，增强体育教育管理效能“宽教严管”的干预策略，满足体质弱势群体健康教育诉求，为建立和完善体质弱势群体体质健康教育体系，促进高校学生体质健康教育全面发展，以及同行的深入研究提供参考。

第六章

受众差异视域下高校体质弱势群体体育教育策略

第一节 体能弱势群体体育教育策略

一 体能弱势学生体育教育概况

体能弱势学生是指那些由于生理或心理原因，导致其运动能力、身体素质、肌肉力量等方面存在明显缺陷的学生。具体是指《国家学生体质健康标准》测试成绩低于59分或游离于达标线附近的学生，有动态变化的情况，在高校中占有一定的比例。

在我国的高等教育体系中，体质健康教育是不可或缺的一部分。然而，由于种种原因，包括教育资源配置的不平等性、教学内容和教学形式的单一性，高校的体质健康教育在实际运行中存在许多问题。特别是在针对体能弱势学生的体质健康教育方面，由于缺乏专门的体育教师和教学资源，他们的体质健康状况往往得不到有效改善。

当前高校体育保健课程的教学内容和方法存在一定的问题。虽然大部分高校都将增强学生体质、锻炼意志、掌握体育锻炼的理论与方法作为教学目标，但由于对体育保健课开设的目的及要解决的问题不明确，教学内容的选择带有一定的盲目性和片面性。此外，教材注重传统养生类项目，以保健班模式开展课堂教学，缺乏针对不同体质弱势学生的个性化运动处方教学，缺乏挑战难度和体育精神的培养，导致学生学习热情不高，达不到体育健康教育的目的。

在受众差异的视角下实现高校体质健康教育的公平性和有效性，让每一个学生都能在体育锻炼中找到乐趣，提高他们的身体素质，改善他们的健康状况，需要探索适合不同体质弱势学生的体质改善策略，包括课程和教学形式的改革、教师队伍的建设和培训，以及学生态度的引导和改变。

二 体能弱势学生的特点及其对体育健康教育的影响

1）体能弱势学生的生理特点对运动的影响。体能弱势学生的肌肉力量、耐力、协调性等生理指标普遍较低，在进行体育活动时，容易受到运动损伤的困扰。由于身体条件受限，在进行一些高强度的运动时，他们可能会感到力不从心，从而影响其运动体验和运动效果。

2）体能弱势学生的心理特点也对其健康产生影响。由于他们的运动能力相对较弱，他们在进行体育活动时可能会产生挫败感和焦虑感。这种心理压力不仅会影响他们的运动效果，还可能对其心理健康产生负面影响。

因此，针对体能弱势学生的体质健康教育策略，应当从他们的生理和心理特点出发，采取针对性的教育方法。例如，在进行体育活动时，应当避免选择过于激烈或高难度的运动项目，以免给他们带来过大的压力。同时，可以通过一些温和的运动项目，如瑜伽、太极等，来帮助他们提高身体的灵活性和协调性。

在心理层面，应当帮助他们建立自信，鼓励他们积极参与体育活动。可以通过一些团体运动，如篮球、足球等，让他们在团队中找到归属感，增强他们的社交能力。同时，可以通过一些心理辅导活动，帮助他们解决运动中的困难和压力，提高他们的心理素质。

三　差异性视域下高校体能弱势群体健康教育的策略

（一）不同性别高校体能弱势群体健康教育的策略

1. 高校体能弱势男生群体健康教育的策略

在受众差异视域下，高校体能弱势群体健康教育需要充分考虑性别因素。针对高校体能弱势男生群体，应注重运动强度和运动时间的安排。

1）在运动强度方面，体能弱势男生群体在锻炼过程中应避免过度负荷，防止运动损伤。教师应根据男性的生理特点，合理设置运动强度，避免过度的运动导致身体负担过重。同时，应根据男生的身体状况，逐步增加运动强度。

2）在运动时间方面，体能弱势男生群体在锻炼过程中应合理安排运动时间。教师应根据体能弱势男生的身体状况，合理安排运动时间，避免过长的运动时间导致身体疲劳。

3）针对高校体能弱势男生群体，教师应注重运动技巧的传授。体能弱势男生群体在锻炼过程中，应注重运动技巧的学习，以提高锻炼效果。教师应根据男生的身体状况，选择合适的运动技巧，指导学生采取正确的运动方法，防止运动损伤。

4）在健康教育过程中，教师还应注重心理健康教育。体能弱势男生群体在锻炼过程中可能会面临一定的心理压力，教师应关注学生的心理状况，帮助其建立良好的心理素质，以促进此类学生的身心健康。

在教学过程中，教师应注重师生间的互动交流。体能弱势男生群体在锻炼过程中可能会面临一些困难和挑战，教师应关注体能弱势男生群体的需求，与他们进行有效的沟通，帮助其解决问题。

综上所述，在受众差异视域下，高校体能弱势群体健康教育应注重运动强度和运动时间的安排，注重运动技巧的传授，注重心理健康的教育，以及师生间的互动交流。

2. 高校体能弱势女生群体健康教育的策略

在高校体能弱势女生群体的健康教育中，应注重运动项目和运动方式的多样性，需要特别关注女生的生理特点和心理需求，以便制订出更加科学合理的教学计划。

1）教师需要了解体能弱势女生群体的生理特点，如激素水平、骨密度、肌肉力量等，这些因素可能会影响她们的运动能力和运动表现。因此，在制订运动项目时，应考虑这些因素，选择适合女性体质的运动项目，如瑜伽、普拉提、舞蹈等，这些运动项目可以有效地锻炼身体的各个部位，有助于提高身体素质。

2）教师需要关注体能弱势女生群体的心理需求。体能弱势女生往往在心理上更加敏感和脆弱，可能会因为自身的生理特点而产生自卑，因此，需要在教学过程中给予她们足够的关爱和支持。可以通过个性化的教学方式，如一对一的指导、小组教学等，来提高她们的自信心，使她们在运动中感受到快乐。

3）教师还需要注意到体能弱势女生群体可能存在的生理期问题，如月经期、孕期等，这些生理期可能会影响她们的运动表现和运动能力。因此，在制订运动计划时，需要考虑这些因素，避免女生在女性生理期进行过于剧烈的运动，从而对身体造成伤害。

总的来说，针对高校体能弱势女生群体进行健康教育，教师需要考虑女生的生理特点和心理需求，制订出适合她们的运动项目和方法，以提高她们的身体素质，改善她们的身体健康状况。同时，我们还需要在教学过程中给予她们足够的关爱和支持，帮助他们树立自信心，使她们在运动中感受到快乐。

（二）不同年级高校体能弱势群体健康教育的策略

1. 大一体能弱势群体健康教育的策略

针对大一体能弱势群体开展健康教育时，教师需要考虑该群体的特殊性，尤其是在基础体能方面可能存在一定的不足，应该注重基础体能的培养，这是日后进行更深入的体育训练和锻炼的基础。

1）教师应该注重大一体能弱势学生的基础体能训练。由于大一体能弱势学生刚刚进入大学，该群体的身体素质和体能水平整体情况相对较低，因此，应该有针对性地开展基础体能训练，这包括提高有氧耐力、力量、柔韧性和协调性等方面，使其能够在后续的体育训练中更好地适应和参与。

2）教师应该注重大一体能弱势学生基础体能训练的方法和手段。针对大一体能弱势学生，我们应该选择一些简单易行、安全有效的基础体能训练方法。例如，我们可以通过跑步、跳绳、仰卧起坐等常见的有氧运动来提高他们的有氧耐力，通过深蹲、俯卧撑、引体向上等力量训练来增强他们的力量，通过瑜伽、拉伸等柔韧性和协调性训练来提高他们的灵活性和协调性。

3）教师应该注重大一体能弱势学生基础体能训练的持续性和系统性。大一体能弱势学生的基础体能训练需要长期的坚持和系统的安排。我们应该制订合理的训练计划，每天安排一定的时间进行训练，并且保证训练的连续性和系统性，避免训练的间断和遗漏。

4）教师应该注重大一体能弱势学生基础体能训练的反馈和调整。大一体能弱势学生的基础体能训练需要定期进行反馈和调整，以了解他们的训练效果和存在的问题，并根据实际情况进行相应的调整和改进。

针对大一体能弱势学生开展健康教育，教师应该注重基础体能的培养，通过有效的训练方法和手段，长期的坚持和系统的安排，以及定期的反馈和调整，来帮助他们提高身体素质，增强体能，为后续的体育训练打下坚实的基础。

2. 大二、大三体能弱势群体健康教育的策略

在针对大二、大三体能弱势群体进行健康教育时，教师应注重提高他们的运动技能和锻炼强度。运动技能的提升对于大二、大三体能弱势学生来说至关重要。这些学生正处于大学的中期阶段，身体发育已经基本定型，但是由于自身原因，运动技能可能存在一些不足。

1）教师要注重锻炼强度的提高。大二、大三体能弱势学生身体已经基本发育成熟，但是由于长期的学习、生活压力，其身体素质可能已经出现下降情况。因此，提高锻炼强度可以帮助他们增强体质，预防疾病，提高他们的生活质量。同时，提高锻炼强度也可以让他们在锻炼中体验到运动的乐趣，增强他们的运动兴趣，从而更愿意参与体育活动。在提高运动技能和锻炼强度时，教师需要注意一些问题。首先，教师要根据学生的具体情况进行教学。每个学生的身体状况和运动技能都有所不同，因此，我们需要根据他们的具体情况，制订个性化的教学计划，有针对性地提高他们的运动技能和锻炼强度。

2）教师要注重教学的方法。除了传统的教学方法，如讲解、示范、训练等，教师可以尝试一些新的教学方法，如运动疗法、康复训练等，这些方法可以帮助学生更好地提高运动技能和锻炼强度。

3）教师要注重教学的评价。建立一套操作性强的、科学合理的教学评价标准和方法，综合考量学生体育健康知识和技能掌握。在教学过程中，教师要根据学生的具体情况制订个性化的教学计划，注重教学的方法，以及注重教学的评价。

（三）高校不同专业体能弱势群体健康教育的策略

1. 理工科专业体能弱势群体健康教育的策略

在针对理工科专业体能弱势群体的健康教育中，教师应注重科学锻炼的指导。理工科专业体能弱势群体往往面临较大的学业压力和研究任务，他们的身体活动水平相对较低，且容易忽视科学的锻炼方法。因此，在健康教育中，教师应强调科学锻炼的重要性，指导学生合理地利用体育知识、技能和服务，养成健康的生活方式。

1）教师应引导学生正确认识锻炼的目的和效果。许多理工科专业体能弱势学生可能

过于注重学习成绩，忽视了锻炼对身体健康的重要性。因此，在健康教育中，需要强调锻炼对身体健康的积极影响，帮助学生树立正确的锻炼观念。

2）教师应提供针对性的锻炼建议。理工科专业体能弱势学生往往忙于学业，缺乏足够的时间进行系统的锻炼。因此，在健康教育中，应提供一些简便易行的锻炼方法，如散步、跑步、瑜伽等，帮助学生利用碎片化时间进行锻炼。

3）教师应强调锻炼的安全性。理工科专业体能弱势学生在进行锻炼时，可能会忽视安全问题，导致运动损伤。因此，在健康教育中，应强调锻炼的安全性，教授正确的锻炼技巧和注意事项，以降低运动损伤的风险。

4）教师应鼓励学生进行团体锻炼。理工科专业体能弱势学生往往独立性强，容易忽视社交。因此，在健康教育中，应鼓励学生积极参加团体锻炼，如运动社团、健身班等，以提高他们的锻炼积极性。

综上所述，针对理工科专业体能弱势学生的健康教育，教师应注重科学锻炼的指导，帮助学生树立正确的锻炼观念，提供针对性的锻炼建议，强调锻炼的安全性，鼓励学生进行团体锻炼。通过这些措施，可以有效地提高理工科专业体能弱势学生的体质健康水平，使他们能够更好地应对学业和生活的挑战。

2. 文科专业体能弱势群体健康教育的策略

1）针对文科专业体能弱势群体，高校体育课程的教学内容应注重锻炼的趣味性。教师需要理解文科专业体能弱势群体的特点，他们通常在学术研究中花费大量的时间，可能忽视了锻炼身体的重要性。因此，教师需要设计一些能够吸引他们兴趣的体育课程，让他们在锻炼身体的同时，也能享受到运动的乐趣。

2）针对文科专业体能弱势学生的学习特点，教师可以设计一些与学术研究相关的体育活动，如足球、篮球等团队运动。这些运动需要学生有良好的团队协作能力，这对于他们的学术研究也是非常有帮助的。同时，这些运动也能提高他们的身体素质，使他们能够更好地投入学术研究。

3）针对文科专业体能弱势学生的学习特点，教师还可以设计一些具有文化特色的体育活动，如太极拳、瑜伽等。这些活动不仅可以锻炼学生的身体，还能让他们在锻炼的同时，感受到中华优秀传统文化的魅力，提高他们的文化素养。

总的来说，针对文科专业体能弱势学生，高校体育课程的教学内容应注重锻炼的趣味性，既要考虑他们的学术特点，也要考虑他们的身体素质和文化素养。只有这样，才能真正提高他们的体育素养，使他们能够更好地投入学术研究。

（四）不同地域高校体能弱势群体健康教育的策略

1. 南方高校体能弱势群体健康教育的策略

在受众差异视域下，高校体能弱势群体健康教育是一项至关重要的任务。针对南方高校体能弱势群体，我们应注重游泳等水上运动的推广。

1）游泳是一项全身性运动，可以有效地锻炼人的心肺功能，增强人的耐力，提高人的灵活性和协调性，对于改善体能弱势学生的身体状况具有显著的效果。游泳的运动强度可以根据个人的身体状况进行调整，适合各类体能弱势学生。

2）游泳运动的普及对提高南方高校体能弱势学生的体育参与度具有重要意义。传统的陆地运动可能会因为运动强度过大或者运动环境的限制，导致一些体能弱势学生望而却步。而游泳运动的推广，可以让他们在水中找到运动的乐趣，从而提高他们的运动积极性和参与度。同时，游泳运动的普及也可以推动校园体育文化的发展，营造积极向上的体育氛围。

3）针对南方高校体能弱势学生的游泳教育，应注重教学方法和教学内容的创新。例如，可以采用情景教学法，通过模拟游泳比赛的场景，激发学生的学习兴趣和参与热情。同时，也可以采用互动教学法，加强学生之间的交流和合作，提高他们的团队协作能力。此外，教学内容也可以更加丰富多样，例如，除了教授基本游泳技能，还可以教授一些游泳的安全知识和急救技能，提高学生的自我保护能力。

4）游泳运动的推广也需要得到学校和社会的支持。学校可以通过举办游泳比赛、开展游泳教学等方式，推动游泳运动的普及。同时，社会也可以通过举办游泳活动、提供游泳场地等方式，为体能弱势学生提供更多的锻炼机会。

总的来说，游泳运动在南方高校体能弱势群体健康教育中具有重要的地位。针对南方高校体能弱势学生，我们应注重游泳等水上运动的推广，通过创新教学方法和教学内容，提高学生的体育参与度，促进他们的身体健康。

2. 北方高校体能弱势群体健康教育的策略

在北方高校中，体能弱势群体往往面临着更多的健康问题。因此，针对这些群体的健康教育显得尤为重要。在此背景下，冬季户外运动成为北方高校体能弱势群体健康教育的重要内容。

1）冬季户外运动可以帮助体能弱势学生增强体质，提高身体素质。由于这些学生的身体条件相对较弱，他们往往需要通过更加温和的运动来提高身体素质。而冬季户外运动，如滑雪、滑冰等，既能锻炼身体，又能享受户外运动的乐趣。冬季户外运动可以提高体能弱势学生的适应能力。由于北方地区的冬季气温较低，户外运动可以帮助这些学生适应寒冷的气候，提高对低温环境的适应能力。这对于他们来说，不仅有助于身体健康，也可以提高他们的生活质量。

2）冬季户外运动可以增强体能弱势学生的心肺功能。这些运动需要大量的氧气消耗，可以帮助他们增强心肺功能，这对于体能弱势学生来说，是一种非常有益的运动方式。

3）冬季户外运动教育也需要注重方式和方法。比如，教师可以组织一些冬季户外运动比赛，激发他们的运动热情，提高他们的运动积极性。同时，教师也可以开展一些冬季户外运动的健康知识教育，提高他们的健康意识，让他们更加重视自己的身体健康。

4）总的来说，针对北方高校体能弱势学生的冬季户外运动教育，是一种非常有效的方式，可以帮助他们提高身体素质，增强适应能力，提高心肺功能。然而，也需要注意一些问题。比如,运动项目的选择,教师应考虑到他们的身体状况,选择适合他们的运动项目。此外，运动量的控制，也应根据他们的身体状况进行调整，避免运动过量导致身体健康问题。

第二节 高校残疾学生体质健康促进策略

近年来，国家高度重视残疾学生的体质健康促进工作，先后颁发了《关于进一步加强和改进新时期体育工作的意见》《关于进一步加强残疾人体育工作的意见》《“十三五”加快残疾人小康进程规划纲要》《关于强化学校体育促进学生身心健康全面发展的意见》《关于进一步加强残疾人康复工作的意见》《残疾人教育条例》《“健康中国 2030”规划纲要》《体育强国建设纲要》等文件，这些文件对残疾学生体质健康的促进工作提出了具体要求。

由于受到多方面因素的影响，我国高校残疾学生的体质健康状况仍不理想，听障学生的身体素质水平普遍偏低，听障学生、盲人学生的体质健康状况较差，残疾学生的肥胖症问题日趋严重，残疾学生的心理健康问题也不容乐观。因此，探讨影响病残学生体质健康的主要因素，提出促进残疾学生体质健康的具体策略，对进一步提高我国残疾学生的体质健康水平，具有重要的现实意义和社会价值。

一、残疾学生体质健康现状

近年来，随着社会的发展和教育水平的提高，人们的健康观念也在不断更新。越来越多的人开始重视体育锻炼，认识到体育锻炼对保持身心健康的重要性。然而，对于高校残疾学生而言，由于受到身体条件的限制，他们在参与体育活动时往往会遇到更多的困难。

在心理方面，高校残疾学生由于自身的残疾，往往会产生自卑、自闭、抑郁等不良心理状态。如何通过有效的体育干预手段帮助这些学生改善心理状态，增强他们面对困难的勇气和信心，是当前高校在开展残疾学生体育教育时需要重点解决的问题。

在社会适应方面，高校残疾学生由于身体条件的限制，往往会在参与社会活动时遇到更多的困难。如何通过有效的体育干预手段帮助这些学生提高身体素质，增强他们的社会交往能力，也是当前高校在开展残疾学生体育教育时需要重点解决的问题。

二 残疾学生体质健康影响因素

残疾学生体质健康的影响因素是多方面的，主要有自身因素和外界因素。自身因素主要包括遗传、年龄、性别、性格、情绪、生活方式等，外界因素包括自然环境、教育政策、教育资源等。

（一）自身因素

自身因素是影响残疾学生体质健康的关键。

1）遗传是影响残疾学生体质健康的首要因素。对于不同的残疾类别，遗传因素的影响不同。如先天性病残的学生体质健康受遗传影响较大，而后天性病残的学生体质健康的影响因素则较为复杂。

2）年龄也是影响残疾学生体质健康的重要因素。一般来说，随着年龄的增长，残疾学生的体质健康状况也会有所改善。但不同年龄阶段，影响残疾学生体质健康的主导因素不同。儿童和青少年时期，生活方式和饮食习惯是影响病残学生体质健康的主要因素；成年后，则主要受职业和婚姻状况等因素影响。

3）性别对残疾学生体质健康也有较大的影响。一般来说，女生的体质健康状况要好于男生。这与女生的性格特点、生活方式和饮食习惯有关。另外，女生比男生更注重自己的体型，更注意饮食的均衡，这也是女生的体质健康状况好于男生的重要原因。

4）性格、情绪和生活方式也是影响残疾学生体质健康的重要因素。性格开朗、情绪稳定、生活方式健康的残疾学生的体质健康状况要明显好于性格内向、情绪低落、生活方式不健康的残疾学生。

（二）外界因素

外界因素对残疾学生体质健康也有重要的影响。其中，自然环境对残疾学生体质健康的影响主要表现为生活环境的污染，如空气污染、水污染、土壤污染和噪声污染等。社会经济的发展在提高残疾学生的生活水平的同时，也改变了残疾学生的生活方式和饮食习惯，从而对病残学生的体质健康产生了重要的影响。

（三）教育政策和教育资源

教育政策和教育资源也是影响残疾学生体质健康的重要因素。一方面，教育资源的不均衡导致城乡残疾学生体质健康状况存在差异。另一方面，教育政策的倾向性也会对残疾学生的体质健康产生影响。

总之，外界因素对残疾学生体质健康的影响主要表现在自然环境、教育资源和教育政策等方面。

三 残疾学生体质健康促进

1）康复训练是残疾学生体质健康促进的重要策略之一。通过专业的康复训练，残疾学生能够有针对性地改善自身的身体状况，提高身体机能，减轻或消除身体功能障碍，从而提高生活质量。例如，对于肢体残疾的学生，可以通过物理疗法、运动疗法等康复手段，帮助他们恢复或提高肢体的功能。而对于视力、听力障碍的学生，可以通过视觉、听觉训练来提高他们的感官能力。

2）体育教育是残疾学生体质健康促进的另一个重要途径。通过体育教育，残疾学生可以学习和掌握各种体育技能，养成良好的运动习惯，从而提高身体素质。此外，体育教育还能够帮助他们树立正确的健康观念，培养他们的团队合作精神和竞争意识，促进身心健康的全面发展。

3）健康促进活动也是残疾学生体质健康促进的有效手段。通过组织各类健康促进活动，如健康知识讲座、健身比赛、健康体检等，可以提高残疾学生对健康的认识和重视程度，促使他们积极参与到健康促进的行动中来。同时，健康促进活动还可以营造出一个积极向上、健康活力的校园氛围，对残疾学生的身心健康产生积极的影响。

4）个性化的运动方案也是残疾学生体质健康促进的重要策略。由于残疾学生的身体状况各不相同，因此，为他们制订个性化的运动方案，能够更好地满足他们的身体需求，提高运动的效果，促进身体的恢复和发展。

综上所述，残疾学生体质健康促进策略主要包括康复训练、体育教育、健康促进活动和个性化运动方案等。这些策略各有特色，相互配合，共同促进残疾学生的体质健康。在实施这些策略的过程中，我们应当充分考虑残疾学生的个体差异和特殊需求，做到有的放矢，精准施策，以实现最佳的健康促进效果。

四 高校残疾学生体质健康促进策略的理论基础

在探讨高校残疾学生体质健康促进策略时，我们可以借鉴和参考多种理论模型，其中包括生物医学模型、社会心理学模型等。

1）生物医学模型强调的是从生物学和医学的角度来理解和解决健康问题。在这个模型中，体质健康被视为身体机能和形态的综合体现，包括力量、速度、耐力、柔韧性等方面。对于高校残疾学生而言，通过科学合理的体育活动和锻炼，可以有效提升其身体机能，改善身体状态，从而促进体质健康。例如，力量训练可以增强肌肉力量，提高身体的稳定性和功能性；耐力训练有助于提升心肺功能；柔韧性训练可以改善关节活动范围，减少运动损伤的风险。

2）社会心理学模型则更关注个体的社会环境和心理状态对健康的影响。该模型认为，健康不仅受生物因素的影响，还受到社会环境和心理状态的调控。对于高校残疾学生来说，他们的体质健康状况会受到社会接纳程度、个人心理状态、校园环境等多方面因素的影响。因此，通过开展适应性体育活动来提高他们的社会交往能力，通过心理辅导来帮助他们建立积极的自我形象，减轻心理压力，都是有效的健康促进策略。

将这两种模型结合起来，我们可以构建一个综合的健康促进框架。在这个框架中，既包括了生物医学层面的健康促进策略，如科学的体育锻炼计划、营养饮食指导等，也包括了社会心理学层面的健康促进策略，如提高社会接纳度、开展心理辅导等。通过综合运用这些策略，可以全方位地促进高校残疾学生的体质健康。

此外，我们还可以参考行为改变理论，如计划行为理论、跨理论模型等，来理解和预测个体的健康行为，并通过相应的策略来促进其健康行为的改变。例如，通过了解高校残疾学生的健康行为动机，激发他们的自主锻炼意识和行为；通过改变他们对健康行为的认知和态度，帮助他们建立正确的健康观念和生活方式。

综上所述，高校残疾学生体质健康促进策略的制订和实施，应在生物医学模型、社会心理学模型的指导下，结合行为改变理论，综合运用多种健康促进策略，以实现提升残疾学生体质健康水平的目标。

五 高校残疾学生体质健康促进策略挑战

高校残疾学生体质健康促进策略的实施确实面临着一些不容忽视的挑战，这些挑战主要集中在以下三个方面：社会认知与接纳程度、教育资源与设施不足、教师与学生素质问题。

1）社会认知与接纳程度的不足是一个不容忽视的问题。在我国，对残疾学生的教育和体质健康问题的关注度相对较低，社会整体对残疾学生的接纳程度也有待提高。这种社会认知的不足直接影响了高校在推进残疾学生体质健康促进策略时的社会环境和舆论支持，使得策略的实施遇到了一定的阻力。

2）教育资源与体育设施不足也是一个重要的挑战。由于历史原因，很多高校为残疾学生提供的教育资源和体育设施并不完善。这不仅限制了残疾学生参与体育活动的选择，也在一定程度上影响了他们参与体育锻炼的积极性和效果，从而影响了体质健康促进策略的实施效果。

3）教师与学生素质问题也是一个不容忽视的挑战。一方面，一些教师对残疾学生的特点和需求缺乏足够的了解和尊重，这可能会在一定程度上伤害到残疾学生的情感，使他们在参与体育活动时产生抵触情绪。另一方面，一些学生可能对残疾学生存在歧视和偏见，这不仅会影响到残疾学生的自尊心，也可能会使他们在参与体育活动时产生心理压力。

综上所述，高校在推进残疾学生体质健康促进策略的过程中，不仅需要面对社会认知与接纳程度的不足，还需要应对教育资源与体育设施的不足，以及教师与学生素质问题。这些挑战的存在，无疑增加了高校推进残疾学生体质健康促进策略的难度，也对高校的管理能力和教育公平的实现提出了更高的要求。因此，高校应积极应对这些挑战，通过加强社会宣传，提高社会对残疾学生教育和体质健康问题的关注度；通过加大投入，改善教育资源和体育设施；通过提高教师的专业素质和人格魅力，消除学生的歧视和偏见，从而推动残疾学生体质健康促进策略的有效实施。

六 高校残疾学生体质健康促进策略的实践挑战

由于残疾学生的特殊性，其体质健康水平往往存在较大的差异，这为体质健康促进工作带来了困难。对此，高校应在“健康第一”的指导思想下，尊重残疾学生的个体差异，因材施教，并结合残疾学生的具体情况，制订个性化的体质健康促进方案。同时，在教学过程中，应注重调动残疾学生的学习兴趣，激发其参与体育活动的积极性，从而达到提升其体质健康水平的目的。

1）高校在实施残疾学生体质健康促进策略时，往往面临着资源不足的问题。这主要体现在两个方面：一是师资力量的不足，二是设施设备的不完善。对于这一问题，高校应积极寻求政府和社会各界的支持，加大对体育教学的投入，以改善设施设备，提高师资队伍的素质。此外，高校还应加强与医疗机构的合作，充分利用社会资源，为残疾学生提供更优质的体育服务。

2）残疾学生在参与体育活动时，可能会遇到安全问题。这主要是因为体育活动本身具有一定的风险性，而残疾学生由于身体条件的限制，其安全风险更高。对此，高校应建立健全体育安全管理制度，加强对残疾学生体育活动的安全监管。具体来说，可以通过购买体育保险、设立体育活动安全基金等方式，为残疾学生提供安全保障。同时，还应加强对体育教师和相关人员的安全教育和培训，提高其安全意识和急救能力，以确保残疾学生在参与体育活动时的安全。

3）高校在实施残疾学生体质健康促进策略时，还可能会遇到家长和学生自身认识不到位的问题。一些家长和学生可能会过分关注学习成绩，而忽视了体质健康的重要性。对此，高校应加强对家长和学生的健康教育，提高其对体质健康的认识，帮助其树立正确的教育观念。同时，还应通过举办各类体育活动和竞赛，激发残疾学生的参与热情，帮助其形成良好的生活习惯和健康的生活方式。

七 高校残疾学生体质健康促进策略的对策建议

针对上文提出的挑战，笔者提出以下高校残疾学生体质健康促进策略的对策建议。

1）提高社会对残疾学生体质健康问题的认知与接纳程度至关重要。这需要广泛宣传残疾学生体质健康的重要性，改变社会对残疾学生的传统认知，提高公众对残疾学生体质健康的关注度。通过举办公益活动、开展媒体宣传、参与国际交流等途径，提高社会对残疾学生体质健康问题的重视程度，从而为残疾学生创造一个更加包容和支持的环境。

2）完善教育资源与设施建设是保障残疾学生体质健康的基础。高校应加大对残疾学生体育设施的投入，确保体育设施的多样性和便利性，以满足残疾学生体育锻炼的特殊需求。此外，还需定期对体育设施进行维护和更新，以确保其安全性和有效性。同时，高校应与当地残联等机构合作，共享资源，共同推进残疾学生体质健康促进工作。

3）加强教师与学生素质提升是提升残疾学生体质健康水平的关键。对体育教师进行专业培训，使其掌握针对残疾学生的教学方法和策略，设计个性化的体育课程，激发残疾学生的运动兴趣。同时，鼓励学生参与体育活动，提高他们的自我认知和身体素质，培养残疾学生之间的互助与合作精神。

4）建立残疾学生体质健康档案，实施跟踪管理，以便于了解学生体质健康状况的变化，并及时调整教学策略。同时，鼓励残疾学生积极参与课外体育活动，将课堂教学与课外实践相结合，提高残疾学生的体质健康水平。

高校应将残疾学生体质健康促进纳入学校的整体发展规划，制订相应的政策和制度，为残疾学生体质健康促进工作提供政策支持。通过多平台、多途径的宣传和教育，引导残疾学生形成正确的体质健康观念，促进其全面发展。

八 高校残疾学生体质健康促进策略的实践探索

在我国，高校对残疾学生体质健康促进策略的实践探索尚处于起步阶段，相关研究也较少。然而，随着国家对于学生体质健康问题的重视，以及残疾学生接受高等教育比例的逐年提高，如何保障残疾学生的体质健康成为一个亟待解决的问题。对此，一些高校开始尝试采用针对残疾学生的体质健康促进策略，并对相关实践模式和效果进行评估。

1）在实践模式方面，一些高校采取了个性化教学的方式，针对残疾学生的不同体质和健康状况，制订个性化的体育教学方案，以促进其体质健康。例如，清华大学针对残疾学生的体育教学采用了个性化教学模式，根据学生的不同需求和能力，制订个性化的教学计划和考核标准，取得了良好的效果。此外，一些高校还开展了残疾学生体质健康促进的课外活动，如体育俱乐部、运动会等，鼓励学生积极参与体育活动，提高体质健康水平。

2）在效果评估方面，高校通常通过问卷调查、体质健康测试等方式来评估残疾学生体质健康促进策略的效果。问卷调查主要针对学生对体育教学和课外活动的满意度、参与度等方面进行调查，以评估策略的接受度和效果。体质健康测试则是通过对学生的身体素质、健康状况等方面进行测试，以评估策略的实际效果。一些高校还结合学生的反馈和体质健康测试结果，对体育教学和课外活动进行调整和优化，以进一步提高策略的效果。

总的来说，高校在残疾学生体质健康促进策略方面的实践模式和效果评估还在不断探索和完善中。未来，通过提高社会认知与接纳程度、完善教育资源与体育设施建设，不断优化和完善相关策略，有效促进高校残疾学生的体质健康发展，从而促进高校大学生体质健康的全面发展。

第三节 肥胖症学生体质健康促进策略

肥胖症是世界卫生组织定义的代谢综合征的表现形式之一，肥胖症会导致一系列的代谢紊乱，影响人的心、脑、肾等重要器官，肥胖症已成为糖尿病、高血压、冠心病、脑血管病等慢性病的重要危险因素。肥胖症会严重影响人们的生活质量，肥胖症人群的死亡率明显高于正常人群。肥胖症的发生原因是多方面的，包括遗传、饮食结构、运动不足、生活方式、社会环境等，其中运动不足是引起肥胖症的主要原因之一。

随着我国社会经济的快速发展，人们的生活水平得到了显著提升，饮食结构和生活习惯发生了明显改变，肥胖症学生的数量呈现逐年上升的趋势。肥胖症不仅严重影响了学生的身心健康，而且已经成为影响社会发展的公共卫生问题。根据最近的全国学生体质健康调研结果，学生肥胖症率继续增加，并成为主要的健康问题。肥胖症不仅会影响形体美，还会导致多种慢性疾病，如心脑血管疾病、糖尿病、部分癌症等，以及引起多种并发症，其风险和危害性不容忽视。

肥胖症是由于能量摄入超过消耗，造成体内脂肪过度积累的一种状态，学生肥胖症率的上升会给他们的身心健康、社会适应能力带来严重的负面影响。高校肥胖症学生由于生理和心理的特殊性，使得他们在学校的生活和学习中处于弱势地位，容易产生自卑、抑郁等心理问题，影响他们的正常交往和社会融入。因此，关注高校肥胖症学生的体质健康问题，促进他们的身心健康发展，帮助他们建立正确的自我认知，提升他们的社会适应能力具有重要的现实意义。

在青少年或大学期间的肥胖症，影响学生的正常生长发育和今后的健康，他们往往会产生自卑、抑郁的情绪，这对他们的身心健康都是非常不利的。因此，如何提高肥胖症学生的体质健康水平，促进他们的健康成长，已经成为亟待解决的问题。

一 肥胖症与健康

（一）肥胖症的定义

肥胖症主要是由于体内脂肪堆积过多，造成体重超过正常范围所引起的一种状态。其形成原因多种多样，包括遗传、饮食结构、缺乏运动、生活方式不健康等。在体质弱势群体的定义和分类中，身体质量指数大于等于28.0即为肥胖症。

大学生群体中，饮食结构的失衡和体力活动的减少是造成肥胖症的主要原因。由于生活水平的提高和饮食结构的失衡，学生的营养过剩现象日益严重，再加上由于学业负担的加重和电子产品的普及，学生的运动量大幅度减少，这些都为肥胖症的形成提供了条件。

（二）肥胖症与健康的关系

肥胖症与健康之间的关系是一个复杂且备受关注的话题。在探讨肥胖症与健康的关联时，主要关注的是肥胖症如何与多种慢性疾病产生密切联系。当肥胖达到一定程度时，会对个体的健康状况产生负面影响，这种影响往往是长期且多方面的。

1）肥胖症与糖尿病的相关性是医学研究的热点之一。过重的体重会对胰岛素的作用产生影响，使得身体不能有效利用胰岛素，导致血糖水平升高，从而增加患2型糖尿病的风险。此外，肥胖症还会导致脂肪肝，这是一种涉及肝脏的代谢紊乱，与代谢综合征的其他成分有关。

2）心血管疾病也与肥胖症有着密切的联系。肥胖症导致的血脂升高会形成动脉粥样硬化的斑块，从而使血管变窄，血流受阻，增加心脏负担，提高患高血压、冠心病的风险。肥胖症还会导致睡眠呼吸暂停，这是一种会引起睡眠质量下降和注意力不集中的疾病，同时也与高血压和心脑血管疾病有关。

3）肥胖症跟高血压也密切相关。肥胖症使得心脏需要更加努力地工作，以将血液输送到全身，这会导致血压升高。长期的高血压会损伤心脏、肾脏等重要器官，增加发生心脑血管疾病的风险。

4）从生理层面来看，肥胖症会对免疫系统产生负面影响。过重的体重会降低体内的免疫反应，使得肥胖症患者更容易受到感染，并且在感染恢复后也更可能出现长期的健康问题。此外，肥胖症还与某些癌症的风险增加有关，如乳腺癌、结肠癌、前列腺癌等。

5）肥胖症不仅会对生理健康产生负面影响，也会对心理健康构成威胁。过重的体重可能导致自我意识低下、自尊心受损或社交隔离，这些都可能增加患心理疾病的风险。研究还发现，肥胖症患者在应对生活压力和疾病时的抵抗力较弱，更容易出现焦虑和抑郁等情绪问题。

总的来说，肥胖症与多种慢性疾病密切相关，包括糖尿病、心血管疾病、高血压等。此外，肥胖症还会对人体的免疫系统、呼吸系统，以及心理健康产生不良影响。

（三）肥胖症的分类

根据是否存在疾病分类，肥胖症分为单纯性肥胖症和继发性肥胖症。

1）单纯性肥胖症是指由于能量摄入长期超过能量消耗，导致体内脂肪过度积累而引发的肥胖症，单纯性肥胖症患者约占肥胖症人群的95%以上。一般认为，单纯性肥胖症是多种因素相互作用的结果，其发生机制非常复杂，与遗传、饮食结构、运动量、应激状态、性别、年龄等因素有关。

2）继发性肥胖症是指由于其他疾病或药物等因素作用而导致的肥胖症，如皮质醇过多综合征、甲状腺功能减退、多囊卵巢综合征、垂体前叶功能减退症、胰岛素抵抗、糖皮质激素等。

肥胖症的分类对于肥胖症患者制订体质健康促进方案具有重要意义。如果是单纯性肥胖症，则要从饮食、运动、行为、心理、社会支持等方面进行综合干预。如果是继发性肥胖症，则首先要积极治疗原发病，在原发病得到有效控制的基础上，再进行综合干预。例如，对于皮质醇过多综合征患者，首先要通过手术方式降低皮质醇水平，在皮质醇过多综合征得到有效控制的基础上，再进行饮食、运动、行为等方面的干预。

（四）肥胖症的原因

世界卫生组织和许多医学学会将肥胖症定义为一种疾病。肥胖症的原因包括遗传、饮食、运动、心理等多方面因素。

1）肥胖症的遗传性表现在如果父母中有一个或双方都是肥胖症患者，小孩患肥胖症的可能性就会大大增加。而且，这种遗传性有隔代遗传的情况。

2）不良饮食习惯是造成肥胖症的一个重要原因。比如，有的人爱吃甜食、油炸食品，喜欢吃比较油腻的饭菜，又不爱运动，摄入的热量大于身体消耗的热量，时间长了，就会使脂肪堆积，形成肥胖症。还有的人饮食没有规律，饥一顿饱一顿，也会造成肥胖症。

3）缺乏运动也是造成肥胖症的一个重要原因。部份青少年由于学习压力比较大，除了在学校上体育课，其余时间基本都是在家里学习，很少出去运动。就是体育课，也有的学生不积极参加，还有的学校不让学生把体育用具带到学校，学生基本上很少运动。这样就会造成热量的摄入大于消耗，导致肥胖症。还有的学生回家后，不是看书，就是看电视、玩电脑，很少运动。

4）心理因素造成的肥胖症，主要是由于内心压力过大，或者经常生气，造成代谢功能紊乱，形成肥胖症。

二 高校肥胖症学生的数量与分布

（一）高校肥胖症学生的数量

随着肥胖症问题的日益严重，高校肥胖症学生的数量也呈现逐年上升的趋势。这一现象不仅对学生自身的身心健康造成了负面影响，也给高校的教育和管理带来了新的挑战。

肥胖症不仅是体型的问题，更是一种疾病状态，它带来的危害涉及生理、心理等方面。对于高校肥胖症学生来说，可能会因为体型的差异而在学习、生活和社交活动中感受到更多的压力和歧视。这种负面的心理体验可能会进一步加重他们的肥胖症问题，形成恶性循环。

高校肥胖症学生的数量上升也给高校的教育和管理带来了新的挑战。高校需要采取一系列的措施来应对这一问题，包括改善学生的饮食结构、增加学生的体育活动、开展健康教育等。同时，高校还需要在教育和管理过程中注重对肥胖症学生的尊重和关爱，避免因为肥胖症问题而使他们受到歧视和排斥。

（二）高校肥胖症学生的分布

肥胖症学生并不仅仅集中在某一个特定的年级，而是分布在各个年级。这是因为肥胖症的产生不仅与饮食习惯有关，还与生活方式和学业压力等因素密切相关，而这些因素随着年级的变化而有所不同。例如，大一新生可能由于刚刚进入大学，生活节奏的改变和自由时间的增加可能会导致饮食习惯的不规律，从而增加肥胖症的风险；而高年级的学生则可能由于学业压力的增加而导致运动时间减少，同样增加了患肥胖症的风险。

肥胖症学生也并不仅仅集中在某一个特定的专业。不同专业的学生在饮食习惯、生活方式和学业压力等方面可能存在差异，但这并不意味着某一专业的学生就一定比其他专业的学生更容易患肥胖症。事实上，肥胖症的产生与个体的遗传因素、生活环境和个人习惯等因素密切相关，而这些因素与专业并无必然联系。因此，高校在制订肥胖症学生体质健康促进策略时，应该摒弃专业偏见，针对所有专业的学生制订全面、科学的健康教育和运动干预计划。

肥胖症学生在地区分布上也呈现出一定的差异性。这主要是由于不同地区的生活环境、饮食习惯和遗传因素等存在差异。例如，生活在城市的学生可能由于饮食选择更多、生活节奏更快，而更容易患肥胖症；而生活在农村的学生则可能由于饮食习惯和体力活动等因素，肥胖症率相对较低。因此，高校在制订肥胖症学生体质健康促进策略时，也应该考虑地区差异，针对不同地区的学生制订具有地方特色的健康教育和运动干预计划。

综上所述，高校肥胖症学生广泛分布在各年级、各专业和各地区。为了有效地促进肥胖症学生的体质健康，高校应该在制订肥胖症学生体质健康促进策略时，充分考虑这些差异，并采取针对性的措施，如开展全面、科学的健康教育，制订具有地方特色的运动干预计划等，以帮助肥胖症学生改善饮食习惯，增加运动量，从而提高他们的健康水平。

三　高校肥胖症学生的健康问题

高校肥胖症学生普遍存在体质健康问题，这些问题往往与自身的生活习惯和饮食结构密切相关。由于肥胖症本身就是一种代谢紊乱的表现，它往往是某些慢性疾病（如心血管疾病、糖尿病等）的前期信号。在这些肥胖症学生中，由于体内脂肪的过度积累，他们的身体会面临更多的健康风险。

1）肥胖症会给心血管系统带来额外的压力。过量的脂肪积累会导致心脏负担加重，从而可能引发高血压、动脉粥样硬化症等心血管疾病。这些疾病不仅会对肥胖症学生的身体健康造成威胁，而且可能导致心肌梗死、心肌损伤等严重后果。

2）由于肥胖症学生体内的胰岛素抵抗现象较为普遍，他们患糖尿病的风险也相对较高。糖尿病的发生不仅与肥胖症直接相关，还可能导致一系列的并发症，如视网膜病变、肾病、神经病变等，这些并发症往往会对患者的生活质量和预期寿命产生严重影响。

3）肥胖症还会影响学生的呼吸系统。由于过度的脂肪积累会导致胸壁和腹部的压力增加，使得呼吸道的通畅性降低，在某些情况下还可能导致意外的发生，如睡眠中的哮喘、窒息等。

4）在社会交往方面，肥胖症学生也可能面临一定的心理压力。在一定的社会条件下，体重往往与社会地位、自我价值等概念联系在一起。因此，肥胖症学生可能会因为体型的差异而在社交场合中感到孤独和自卑，这不仅会影响到他们的心理健康，还可能对他们的学业和职业生涯产生不良影响。

高校肥胖症学生普遍存在的健康问题是多方面的，并且这些问题往往会对他们的生活质量和未来的发展产生深远的影响。因此，对于这些问题的解决，不能仅仅停留在单纯的减重层面上，还应该通过综合性的健康管理和干预措施，帮助肥胖症学生改善他们的生活习惯，提高他们的健康意识，从而有效地预防和控制与肥胖症相关的疾病。

四 高校肥胖症学生的家庭社会经济背景

在探讨高校肥胖症学生体质健康促进策略的过程中，我们还必须关注到这些学生的家庭社会经济背景，这也是影响他们体质健康状况的一个重要因素。高校肥胖症学生的家庭社会经济背景主要包括家庭背景和经济状况两个方面。

1）家庭背景对个体的成长和发展具有深远的影响。家庭环境和家长的观念对孩子的身体健康起到了至关重要的作用。对于高校肥胖症学生而言，他们的家庭背景可能存在一些共性，例如，部分学生的家庭可能对健康饮食和运动的重要性缺乏足够的认识，或者没有为孩子提供一个良好的运动环境。此外，一些学生可能在家庭中养成了不健康的饮食习惯，如过度食用高糖、高盐、高脂肪食物，这些都可能导致肥胖症。

2）经济状况也是影响高校肥胖症学生体质健康的一个重要因素。家庭经济状况较好的学生可能更容易获得健康的食品和运动设备，同时也更容易接受到良好的教育，从而提高他们对健康的认识和重视程度。而家庭经济状况较差的学生可能对健康的认识和重视程度不够，也不注重饮食健康和体育锻炼，这都可能对他们的体质健康产生负面影响。

制订针对高校肥胖症学生的体质健康促进策略时，应充分考虑他们的家庭社会经济背景，并尝试通过政策支持、社会宣传、家庭教育等多方面的努力，提高他们对健康的认识和重视程度，帮助他们养成良好的生活习惯。

五 肥胖症学生健康促进策略

高校肥胖症学生体质健康促进策略是指通过一系列措施，提高肥胖症学生的身体素质和健康水平。这一策略的核心目的在于减少肥胖症所带来的健康风险，提升肥胖症学生的生活质量，使他们能够更好地适应学习和生活的需求。

高校肥胖症学生体质健康促进策略的实施方法主要包括以下 3 个方面。

1）健康教育。通过开展多种形式的健康教育活动，提高肥胖症学生的健康意识和知识水平。这包括课堂教学、专题讲座、网络直播等多种形式。健康教育的内容应涵盖营养知识、运动科学、心理健康等多个方面，帮助肥胖症学生了解健康的生活方式和习惯，以及如何将这些知识应用到日常生活中。通过健康教育，使肥胖症学生认识到健康的重要性，激发他们改变不良生活习惯的动力。

2）运动处方。制订以有氧运动为主的运动处方，如慢跑、游泳、骑自行车等，同时结合力量训练，以增强肌肉力量和耐力。定期对肥胖症学生的体质进行监测和评估，根据实际情况调整运动处方。运动处方的制订要考虑肥胖症学生的身体状况和兴趣，以保证他们能够坚持锻炼。

3）营养指导。提供科学的饮食指导，帮助肥胖症学生建立合理的饮食结构和习惯。营养指导包括营养知识教育、饮食搭配建议、饮食习惯改变等。通过营养指导，让肥胖症学生了解营养与健康的关系，掌握科学的饮食方法，从而达到减肥和改善体质的目的。

通过建立健康档案、设立健康促进小组、开展健康教育主题活动等方式，全面推进肥胖症学生体质健康促进策略的实施。同时，加强家校合作，让家长了解并支持学校的健康促进工作，共同促进肥胖症学生的体质健康。

第四节 高校体质弱势群体体育运动风险

一、体育运动风险的定义与分类

体育运动风险是指在进行体育锻炼过程中，由于各种原因，可能导致身体损伤、疾病等不良后果的可能性。这些不良后果包括但不限于身体损伤、疾病等。体育运动风险的分类可以根据风险的性质和程度进行划分。根据风险的性质，可以将体育运动风险分为生理风险、心理风险和社会风险。

1）生理风险是指在进行体育运动过程中，由于运动负荷过大或运动方式不当等原因，可能导致身体组织损伤、疲劳、缺氧等生理反应。

2）心理风险是指在进行体育运动过程中，由于心理压力、焦虑、抑郁等心理因素的影响，可能导致身体损伤、疾病等不良后果。

3）社会风险是指在进行体育运动过程中，由于社会因素的影响，可能导致身体损伤、疾病等不良后果。这些社会因素包括但不限于竞争压力、同伴压力、家庭压力等。

二、影响体育运动风险的因素

高校体质弱势群体体育运动风险是一个备受关注的问题。影响体育运动风险的因素包括个体因素、环境因素、社会因素等。

1）个体因素是影响体育运动风险的重要因素之一。年龄、性别、身体状况等因素都会影响体育运动风险。例如，年龄较大的人由于身体机能下降，容易发生运动损伤。女性由于生理特点不同，比男性更容易受到运动伤害的影响。身体状况不佳的人，如患有心脏病、高血压等疾病的人，在进行体育运动时容易发生不良后果。

2）环境因素也是影响体育运动风险的重要因素之一。运动场地、运动设备等因素都会造成体育运动风险。例如，不合适的运动场地、不安全的运动设备等都会增加运动风险。此外，环境因素还包括气候条件，如高温、寒冷、湿度大等因素也会增加运动风险。

3）社会因素也是影响体育运动风险的重要因素之一。家庭背景、社会支持等因素都跟体育运动风险存在一定的关联。例如，家庭背景良好的人更容易获得更好的运动设备和场地，从而降低运动风险。社会支持充足的人更容易获得专业的运动指导和帮助，从而减少运动风险。

三 体育运动风险在高校体质弱势群体中的表现

高校体质弱势群体在体育运动中由于生理和心理上的特殊性，往往在体育锻炼中面临诸多风险。

高校体质弱势群体在进行体育运动时，存在着诸多风险因素，如身体质量指数异常、心理压力较大等。这些风险因素不仅会影响他们的身体健康，还可能对他们的心理健康产生负面影响。由于身体状况的弱势，他们往往在运动过程中无法有效地控制自己的动作，容易发生关节扭伤、肌肉拉伤等运动损伤。他们可能由于对自身身体状况的不自信，或者担心无法达到他人的期望，从而产生过大的心理压力，这可能会导致他们在运动中产生焦虑、抑郁等负面情绪，影响运动效果。由于身体状况的弱势，他们在进行体育锻炼时，往往无法与其他同学进行有效的互动和交流，容易产生孤独和被孤立的感觉，这种社交困境可能会对他们的运动积极性和运动效果产生负面影响。

为了降低高校体质弱势群体在体育运动中的风险，需要采取一系列措施。

1）加强对他们的身体健康状况的监测和管理。通过定期的健康检查和体能测试，教师可以及时发现他们的身体状况，从而制订出适合他们的运动计划，降低运动损伤的风险。

2）提供专业的心理咨询服务。对于那些心理压力过大的学生，学校可以提供专业的心理咨询服务，帮助他们解决心理问题，提高他们的运动积极性和运动效果。

3）营造良好的运动氛围。学校通过组织各种形式和规模的体育运动，可以让他们在运动中感受到乐趣和满足，提高他们的运动积极性和运动效果。

总的来说，高校体质弱势群体在体育运动中的风险问题是一个复杂且严峻的问题，需要全社会共同努力来解决。学校需要加强对他们的身体健康状况的监测和管理，提供专业的心理咨询服务，营造良好的运动氛围，从而降低他们在体育运动中的风险，提高他们的身体素质。

四 影响高校体质弱势群体体育运动风险的原因

身体条件不佳是高校体质弱势群体体育运动风险的主要原因之一。这部分学生往往存在身体缺陷或疾病，如视力、听力等方面的障碍，这些因素限制了他们的体育活动能力和运动表现，增加了运动风险。

1）运动能力低下也是高校体质弱势群体体育运动风险的主要原因之一。这些学生往往缺乏体育锻炼和运动经验，没有形成良好的运动习惯和技能，容易在运动中发生意外。

2）心理素质差也是高校体质弱势群体体育运动风险的主要原因之一。这些学生往往存在焦虑、抑郁等心理问题，这些情绪会增加他们的运动风险。

3）社会支持不足也是导致高校体质弱势群体体育运动风险增加的主要原因之一。这些学生往往缺乏家庭和社会的支持和鼓励，没有形成良好的运动习惯和技能，容易在运动中发生意外。

五 高校体质弱势群体体育运动风险评估的方法与指标

高校体质弱势群体体育运动风险评估旨在通过科学、客观、全面地评估高校体质弱势群体的体育运动风险，及时发现和解决可能存在的安全隐患，保障其体育锻炼的安全和有效性。

首先，深入分析高校体质弱势群体的特点和体育运动风险的来源。高校体质弱势群体体育运动风险主要来源于生理风险、心理风险和社会风险。例如，生理风险可能包括运动性损伤、运动性疾病等；心理风险可能包括运动焦虑、抑郁等；社会风险可能包括运动场所不安全、运动伙伴不合适等。其次，制订适用于高校体质弱势群体的体育运动风险评估指标体系。该体系主要包括以下几个方面：生理指标，如心率、血压、呼吸频率等；心理指标，如运动焦虑、抑郁等；社会指标，如运动场所安全、运动伙伴是否合适等。通过对这些指标的评估，可以全面、客观地了解高校体质弱势群体的体育运动风险。

体育运动风险评估的方法和步骤如下。

①收集数据。通过问卷调查、访谈等方式，收集高校体质弱势群体的体育运动相关数据。

②数据处理。对收集到的数据进行整理、分析，提取出关键信息。

③风险评估。根据制订的体育运动风险评估指标体系，对高校体质弱势群体的体育运动风险进行评估。

④结果分析。对评估结果进行解读，提出有针对性的风险防范措施。

综上所述，科学的高校体质弱势群体体育运动风险评估方法与指标，为高校体质弱势群体的体育锻炼提供了安全有效的保障。同时，也为其他领域的研究提供了有益的参考和借鉴。在实际应用中，需要根据具体情况调整和优化评估指标体系，以便更好地适应高校体质弱势群体的体育运动需求。

六 体育运动风险干预策略的制订与实施

针对高校体质弱势群体体育运动风险的干预策略包括身体素质的干预、心理状况的干预、社交互动的干预。

1）针对身体素质的干预，我们建议开展 一系列的体育教学活动，特别是开展有针对性的健身运动处方教学。这一教学策略的特点在于，它以个体学生客观存在的体质问题为依据，通过分析评价学生个体体质状况，设计和制订个性化教学任务和目标。在具体实施过程中，我们需要结合学生个体的兴趣爱好、性别、场地、气候等多种因素，为普通高校体质弱势学生制订有针对性的练习内容、运动强度等。

2）针对心理状况的干预，我们认为心理健康教育可以帮助学生更好地理解和应对压力，提高他们的心理素质，从而降低因体育运动风险导致的心理问题。此外，心理健康教育还可以提高学生的社交互动能力，帮助他们更好地融入集体，减少因社交障碍而产生的体育运动风险。

3）针对社交互动的干预，我们建议加强学生之间的互动交流。社交互动可以增强学生的社交能力，帮助他们更好地理解和接纳他人，从而减少因体育运动风险导致的社交问题。此外，社交互动还可以提高学生的自我认同感，帮助他们更好地应对体育运动风险。

总的来说，体育运动风险干预策略旨在通过提高身体素质、改善心理状况、加强社交互动等手段，降低高校体质弱势群体在体育运动中的风险。这些策略的实施需要我们在教学实践中不断探索和完善，以期更好地服务于高校体质弱势群体。

七 评估与干预策略的挑战与优化

（一）评估与干预策略的挑战

在我国，高校体质弱势群体在体育运动中面临的风险问题已经被一部分人所关注。通过对高校体质弱势群体实施体育运动风险评估与干预策略，虽然取得了一定的成效，但同时也面临一些挑战。

1）干预措施的落实难。高校体质弱势群体在体育运动中面临的风险问题往往与他们的生活习惯、生活方式紧密相关。因此，要改变他们的风险行为，需要他们克服心理障碍，这并非易事。此外，实施干预策略需要学校、教师、学生和社会等多方面的共同努力，但现实中往往存在信息不对称、资源分配不均等问题，这都导致干预措施难落实。

2）个体差异大。高校体质弱势群体在体育运动中面临的风险问题，并非一成不变的，他们面临的风险可能随着时间、环境、心理等因素的变化而变化。因此，在实施干预策略时，需要充分考虑个体的差异性，采取有针对性的干预措施。

（二）评估与干预策略的优化

尽管面临挑战，我们也不能否认体育运动风险评估与干预策略在改善高校体质弱势群体体质方面的积极作用。因此，我们需要在继续实施体育运动风险评估与干预策略的同时，不断优化干预策略，提高干预效果。这可能需要我们从以下 3 个方面进行努力。

1）提高干预策略的针对性和实用性。目前，许多干预策略过于理论化，缺乏实践。因此，我们需要在设计和实施干预策略时，充分考虑高校体质弱势群体的实际需求，使干预策略更具针对性和实用性。

2）加强干预策略的实施和监测。干预策略的实施和监测是保证干预效果的关键。因此，我们需要建立完善的监测体系，定期对干预效果进行评估，并根据评估结果调整干预策略。

3）提高高校体质弱势群体的自我意识。高校体质弱势群体在体育运动中面临的风险问题，很大程度上源于他们对自身状况的忽视。因此，我们需要提高他们的自我意识，主动采取行动进行改善。

在高校体质弱势群体的体育运动中，应注重运动风险的识别和控制。运动风险管理包括对运动项目的选择、运动强度的控制、运动时间的安排等方面。通过科学的风险管理，可以降低高校体质弱势群体在体育运动中的风险，保障他们的身体健康。同时，为高校体质弱势群体的体育教学和健康管理工作产生积极的推动作用。

第五节 高校体医融合健康教育策略

体医融合是将体育与医学相结合，通过科学的方法和手段，预防和治疗疾病，提高人体健康水平。体医融合的实施，是新时代背景下人类追求健康的新思路和新策略。在发达国家，体医融合的理念和方法已得到广泛的应用，并取得了良好的效果。近年来，由于生活节奏的加快和生活压力的增大，慢性病的发病率不断上升，人们对健康的渴望与现实的健康状况形成鲜明的对比。在这种情况下，体医融合为解决这一矛盾提供了新的思路和方法。

一 体医融合的内涵

体医融合的核心在于利用体育手段和医学知识，共同维护和提升个体的健康状况。这种融合不是简单的两者相加，而是通过科学的方法和手段预防疾病、治疗病症，从而提高人体健康水平。

体医融合的内涵非常丰富，它不仅是体育与医学在形式上的结合，更重要的是要实现两者的有机融合，使其在健康促进的过程中能够相辅相成、相互促进。具体来说，这包括以下 3 个方面。

1）体育与医学的有机结合。体医融合要求体育和医学的专业知识和实践技能相互配合，形成一个有机的整体。比如，在对慢性病患者进行康复指导时，体育专家会根据患者的身体状况和疾病类型，制订个性化的运动方案，而医学专家则会提供必要的医疗知识和康复建议，两者相互配合，帮助患者更好地进行康复。

2）体育与医学的相互促进。体医融合的另一个重要内涵是体育与医学之间的相互促进。医学可以通过体育活动来促进患者的身体恢复，而体育活动也可以通过医学的指导来避免运动伤害。这种相互促进的关系，使得体医融合的健康促进效果更加显著。

3）体育与医学的资源共享。在体医融合的过程中，体育与医学的资源也能够实现共享。比如，体育设施可以被医学专家用来进行康复训练，而医学的研究成果也可以被体育专家用来优化运动方案。这种资源共享，不仅可以提高资源的使用效率，还能够为个体提供更加全面的健康服务。

总之，体医融合的概念和内涵强调的是体育与医学的深度合作和资源整合，其目标是通过科学的方法和手段，共同维护和提升个体的健康状况。在高校体质弱势群体的体医融合实践中，应充分认识和运用体医融合的内涵，以便更好地促进体质弱势群体的身心健康。

二 体医融合在高校体质弱势群体中的应用现状

（一）存在的问题

1）健康意识不足是高校体质弱势群体体医融合面临的一个重要问题。由于这部分人群长期存在体质健康问题，往往会导致其对健康的忽视。在日常的体育锻炼中，不能充分认识到运动的重要性，从而影响了体医融合的效果。此外，由于体质弱势群体的特殊性，他们往往存在着一定的心理压力，这也会在一定程度上影响他们参与体育锻炼的积极性。

2）医疗资源分配不均也是高校体质弱势群体体医融合面临的一个重要问题。在我国，医疗资源的分配存在着明显的地域性差异，经济发达地区和经济欠发达地区的医疗资源差距较大，体医融合实施的深度和广度不一样，使得医疗资源相对差一些的地区的体质弱势群体在遇到健康问题时无法得到及时有效的医疗救助。

3）师资力量不足是高校体质弱势群体体医融合面临的另一个重要问题。体育教师是推动体医融合的重要力量，他们需要具备良好的体育知识和医疗知识，以便在教学过程中能够有效地将两者融合到一起。然而，我国目前的情况是，能够同时具备这两方面知识的体育教师数量相对较少，这在一定程度上限制了体医融合的推广与普及。

4）政策支持不够也是高校体质弱势群体体医融合面临的一个重要问题。体医融合的推进需要政策的引导和支持，然而，我国在这方面的工作还存在一定的不足。一方面，相关的政策制度还不够完善；另一方面，政策的执行力度也需要进一步加大。

（二）面临的挑战

随着我国对健康问题的重视程度与日俱增，以及《“健康中国 2030”规划纲要》《中国防治慢性病中长期规划（2017—2025 年）》等政策的出台，体医融合的理念逐渐深入人心。在这一背景下，高校也开始关注并尝试实施体医融合的相关工作，特别是针对体质弱势群体，通过体育与医疗的结合，帮助他们改善身体状况、增强体质、预防疾病。然而，当前高校体质弱势群体的体医融合工作面临着一些挑战，需要我们认真分析和应对。

1）健康观念的转变是高校体医融合面临的一大挑战。长期以来，人们对健康的认识往往局限于没有疾病或病痛，这种观念忽视了生活方式、心理状态、社会环境等因素对健康的影响。在这种传统健康观的影响下，一些师生可能对体医融合的理念持怀疑或抵触态度，这无疑会影响体医融合的推广和实施。因此，高校有必要通过宣传、教育等途径，逐步转变师生的健康观念，使大家认识到体医融合的重要性和必要性。

2）医疗技术的发展也为高校体医融合带来了挑战。随着医疗技术的不断进步，许多疾病的治疗效果显著提高，这在一定程度上可能导致一些师生对体育锻炼的重要性产生怀疑。同时，医疗技术的发展也为一些疾病的治疗带来了非药物、非手术的替代疗法，如物理疗法、运动疗法等，这要求高校在实施体医融合时，不仅要关注体育锻炼的效果，还要关注医疗技术的应用，以实现最佳的治疗效果。

3）社会经济环境的变化也给高校体医融合带来了挑战。当前社会人们的物质生活日益丰富，饮食结构和生活方式发生了很大变化，健康认知的缺失导致一些慢性疾病的发病率逐年上升，如肥胖症、糖尿病、高血压等。这些慢性疾病往往需要长期的体育锻炼和饮食控制来辅助治疗，这就要求高校在实施体医融合时，要充分考虑到社会经济环境的变化，制订出符合实际的工作方案。

4）国际合作与交流也是高校体医融合面临的一个挑战。由于体医融合是一个新兴的研究领域，国际上相关的理论和实践经验都比较有限。因此，高校在推进体医融合的过程中，需要积极开展国际合作与交流，引进国际上先进的理论和技术，同时也要将我国的经验和成果推向国际，为国际体医融合的发展作出贡献。

总之，高校体质弱势群体的体医融合工作虽然得到了国家政策的支持，但在实施过程中仍然面临着健康观念的转变、医疗技术的发展、社会经济环境的变化，以及国际合作与交流等多方面的挑战。要想顺利推进体医融合工作，高校必须正视这些挑战，积极寻求对策，不断完善和改进工作方法，以实现体医融合的最佳效果。

三 体医融合在医学领域的地位和作用

体医融合在医学领域的地位和作用主要有以下 4 个方面。

1）体医融合加深了医学研究的深度。体医融合强调运动对于整体健康的促进作用，这一点在传统的医学模式中往往被忽略。传统医学注重疾病的治疗和药物的使用，而体医融合则强调通过运动来预防疾病的发生，这无疑加深了医学研究的深度。例如，通过对运动与健康之间关系的深入研究，医学界可以更好地理解身体活动如何影响人的生理和心理状态，进而制订出更有效的预防策略。

2）体医融合拓展了医学研究的广度。在过去的医学研究中，运动科学往往被认为是体育科学的范畴，而与医学研究没有直接联系。然而，体医融合将这两个学科领域融合在一起，为医学研究提供了新的视角和研究方向。例如，通过运动来改善心脏健康、增强免疫力、缓解压力和焦虑等方面的研究，都为医学领域带来了新的发展和进步。

3）体医融合促进了医学实践的发展和创新。在传统的医疗实践中，医生往往强调疾病的治疗，而忽视了疾病的预防。体医融合的理念则鼓励医生在治疗疾病的同时，也要关注患者的生活方式和运动习惯。这不仅可以提高治疗的效果，还可以减少疾病的复发率。例如，在治疗心脏病时，医生不仅要关注患者的心脏状况，还要关注患者的运动情况和饮食习惯，从而制订出更全面的治疗方案。

4）体医融合还有助于提高医疗资源的使用效率。在过去，医疗资源主要用于治疗已经发生的疾病。而体医融合则强调预防疾病的重要性，这可以减少医疗资源的使用，使医疗系统更加高效。

综上所述，体医融合在医学领域具有重要的地位和作用。它不仅有助于提高医学研究的深度和广度，也促进了医学实践的发展和创新，同时也提高了医疗资源的使用效率。在未来的医学发展中，体医融合的理念将发挥越来越重要的作用。

四 体医融合在健康促进中的实践与研究

体医融合在健康促进领域的实践与研究不仅涵盖了健康教育、疾病预防等多个方面，而且是一个不断发展和完善的过程。通过体育与医学的深度融合，我们能够更有效地提升体质弱势群体的健康状况，预防疾病的发生，并在疾病康复过程中提供更加科学和个性化的治疗方案。

1）在健康教育方面，体医融合的理念强调知识的普及和技能的培养。通过体育与医学专家的联合授课，可以使体质弱势学生获得既权威又实用的健康知识，并学会如何将这些知识应用于日常生活和锻炼中。例如，对于患有哮喘的学生，可以通过开设特定的运动处方，指导他们如何在哮喘控制良好的情况下进行适当的运动，并学会在运动中应对哮喘急性发作的情况。

2）在疾病预防方面，体医融合的实践致力于通过科学的运动干预，降低体质弱势学生的疾病发生率。例如，对于存在运动损伤风险的学生，可以通过专门的运动训练，增强他们的身体素质，提高其身体的抗损伤能力。同时，医学专家可以对运动方案进行安全性评估，确保运动的安全性和有效性。

3）在康复治疗方面，体医融合的研究和实践注重个性化的治疗方案。通过体育锻炼和医学治疗的结合，可以为每一个体质弱势学生提供量身定制的康复计划。例如，对于骨折后的康复，不仅需要物理治疗的帮助，还需要特定的运动训练来恢复关节的活动度和肌肉的力量。

总的来说，体医融合在健康促进中的实践与研究，不仅推动了体育与医学在理论和方法上的互补，还为体质弱势群体的健康提供了更加科学有效的手段和策略。随着这一领域的不断发展，我们有理由相信，越来越多的体质弱势学生的健康问题将得到有效改善，他们的生活质量也将得到提升。

五 高校体质弱势群体体医融合策略

（一）建立高校体质弱势群体健康档案

高校体质弱势群体的健康状况直接关系到他们的学习和生活，也影响到整个学校的稳定和发展。因此，高校应成立由主管校领导担任组长的体质弱势群体管理工作领导小组，并设立专门的办公室，具体负责体质弱势群体的管理工作。同时，建立《高校体质弱势群体健康状况档案》（简称《健康状况档案》），该档案包括学生的个人信息、每年的体检信息、参加体育活动和体育竞赛的记录、参加体育锻炼的记录、健康干预的记录等。通过建立《健康状况档案》，可以动态地了解和监测体质弱势学生的身体状况，并有针对性地进行健康干预，从而不断提高他们的身体素质。

建立高校体质弱势群体健康档案，有助于了解他们的健康状况，为制订有针对性的健康干预措施提供依据。例如，通过对《健康状况档案》的分析，可以了解这部分学生常见疾病的发病情况和对体育锻炼的态度，从而使学校的管理工作更加有的放矢。同时，通过对他们的跟踪调查，可以总结出更多的经验，为进一步完善管理工作奠定基础。

高校应根据学生的具体情况，制订和完善《高校体质弱势群体体育锻炼指南》，该指南应包括参加体育活动的原则、参加体育活动的注意事项，以及参加体育活动的具体方案等。学校应配备专门的体育教师，对他们的体育锻炼进行具体的指导，从而使他们的身体素质得到明显的改善。

高校应根据学生的具体情况制订和完善《高校体质弱势群体保健工作指南》，该指南应包括饮食注意事项、营养配餐方案等。学校应配备专门的营养师，对他们的饮食进行具体的指导，从而使他们的身体素质得到明显的改善。

（二）制订有针对性的健康干预措施

体医融合干预模式的运行，需要体质弱势群体的积极参与，而要使这一群体积极参与的一个重要前提，就是要对这一群体的健康状况进行监测与评估。通过健康监测与评估，掌握体质弱势群体的健康状况，从而根据体质弱势群体的具体健康状况制订相应的个性化干预措施。

在制订体医融合的干预方案时，应遵循以下步骤：

第一步，通过问卷调查、医学检查、体质测试等，对体质弱势群体的健康状况进行全面的监测与评估，获得相关的数据。

第二步，根据监测与评估的结果，确定该群体的健康状况及存在的健康问题。

第三步，根据健康问题的性质与严重程度，制订相应的干预方案，如体育锻炼方案、保健方案、心理干预方案等。

第四步，在干预方案的实施过程中，对体质弱势群体进行健康监测，以了解干预方案的实施效果。

第五步，根据监测的结果，对干预方案进行调整，以保证干预方案的有效性。

在以上五个步骤中，第一步是基础，没有这一步，就无法制订出有效的干预方案；第二步是关键，只有确定了体质弱势群体的健康问题，才能制订出有针对性的干预方案；第三步是核心，只有制订出了有针对性的干预方案，才能有效地促进体质弱势群体的健康；第四步是保证，只有对干预方案的实施效果进行持续的监测，才能保证干预方案的有效性；第五步是升华，只有根据监测的结果，对干预方案进行个性化的调整，才能使干预方案更好地促进体质弱势群体的健康。前四个步骤是在对体质弱势群体的健康状况进行监测与评估的基础上制订相应的干预方案，并在干预方案的实施过程中对这一群体的健康状况进行持续的监测，以了解干预方案的实施效果。如果在监测的过程中，发现体质弱势群体的健康状况发生了明显的改善，说明干预方案是有效的，可以继续实施。如果发现体质弱势群体的健康状况没有明显的改善，或者出现了新的健康问题，则要根据监测的结果，对干预方案进行及时的调整，以保证干预方案的有效性。

以肥胖症学生的体医融合干预为例，在上述步骤基础上，还需要根据肥胖症学生的生活习惯、饮食结构、运动爱好等，制订个性化的体医融合干预方案。在这一方案中，既包括饮食、运动、中医、药物等方案，也包括生活习惯的改变。如饮食方案的制订，要根据肥胖症学生的饮食习惯，制订出合理的饮食方案，如每餐的能量摄入、饮食的烹调方法、饮食的种类等。运动方案的制订，要根据肥胖症学生的运动爱好，制订出合理的运动方案，如每周的运动时间、运动强度、运动种类等。中医方案的制订，要根据肥胖症学生的体质，制订出相应的中医方案，如针灸、拔罐、刮痧、按摩等。药物方案的制订，要根据肥胖症学生的具体情况，制订出相应的药物方案，如采用的药物种类、用量和服用方法等。生活习惯的改变，要根据肥胖症学生的生活习惯，制订出相应的生活习惯改变方案，如改变饮食时间、增加运动时间、减少在宿舍的时间等。

在体医融合的高校干预模式中，要根据体质弱势群体的具体情况，制订相应的干预方案，并对这一群体的健康状况进行持续的监测，以保证干预方案的有效性。

（三）加强师资培训，提高体医融合水平

在教育公平的背景下，普通高校中的体质弱势学生享有与其他学生同等的受教育权利，这包括接受适当的体育教育以促进身心健康的权利。然而，专门的体育保健教师的短缺限制了对这些学生的体育教学。因此，优化体育教师资源的配置，提高教师在教学中的专业水平显得尤为重要，加强师资培训是提高体医融合水平的关键。

1）通过专业的师资培训，教师可以学习和掌握更多与体育保健和体医融合相关的知识和技能。这不仅包括体育教育的基础知识，还包括医学知识、康复方法、心理支持等方面。这样，教师在教学过程中能够更全面地关注学生的需求，为他们提供更具针对性的指导和帮助。

2）提高体医融合水平的师资培训也意味着教师能够更好地将医学知识和体育教育相结合，设计出适合体质弱势学生的体育课程和活动。通过将医学知识融入体育教学中，教师可以帮助学生更好地理解自己的身体状况，并根据个人的实际情况选择合适的锻炼方式，从而在体育活动中达到康复和增强体质的目的。

3）加强师资培训还有助于教师更新教育理念，提高对体质弱势学生的关注和理解。这将促进教师与学生之间的沟通和互动，建立相互尊重和信任的关系，从而使教师能够更好地发挥其在促进学生身心健康方面的作用。

为了实现上述目标，高校和相关部门应积极开展师资培训工作，提供定期的专业发展活动，鼓励教师参加相关的学术会议和研讨会，促进教师之间的交流和学习。

综上所述，加强人才培养，提高体育医疗复合型人才的数量和质量，是提高体医融合水平的关键步骤，不仅能够提高教师在教学中的专业水平，还有助于为体质弱势学生提供更优质的体医融合教育，从而促进他们的身心健康和全面发展。

（四）推广普及健康教育知识

对于正处于成长发育关键阶段的大学生来说，健康的身体是他们能够更好地学习和生活的基础。因此，高校有必要采取措施，积极推广普及健康教育知识，帮助学生形成正确的健康观念，培养健康的生活习惯。通过开展形式多样的健康教育活动，如健康知识讲座、健康主题班会、健康知识竞赛等，可以使学生接触到更多的健康知识和保持健康的科学方法。这样不仅可以帮助他们纠正不良的生活习惯，还能让他们明白预防胜于治疗的道理，从而在日常生活中注重预防，减少疾病的发生。

1）健康教育知识的普及有助于提高学生的自我保健能力。在现代社会，健康问题日益复杂，仅仅依靠医生的治疗不能满足学生们保持长期健康的需要。学生们需要具备一定的健康知识，树立正确的健康观念，培养健康的生活习惯。

2）普及健康教育知识还能帮助学生建立正确的健康观念。在日常生活中，许多学生可能会受到一些错误的健康观念影响，如过度依赖药物、过度节食等。这些错误的健康观念不仅会对他们的身体健康造成伤害，还可能影响他们的心理健康。通过健康教育的普及，可以帮助学生认清这些错误的健康观念，树立起正确的健康观念，从而促进他们的全面健康成长。

3）健康教育知识的普及还能提高学生的生活质量。一个健康的身体是人们能够享受生活、实现自我价值的基础。通过健康教育，学生可以学习如何合理饮食、适当运动、保持良好的作息时间，这些都将有助于提高他们的生活质量，使他们在学习和生活中更有活力、更有动力。

（五）加强政策支持与资金投入

加强政策支持与资金投入是推动高校体质弱势群体体医融合工作顺利进行的重要保障。加强政策引导和相关部门的合作，如“健康中国”行动计划、“运动是良医”项目，推动体医融合在高校的实际应用，有效提高体质弱势群体的身体素质，降低其患病风险，促进体育教育的全面发展。

1）政策支持体现在国家及地方政府出台的相关法规和指导意见中，这些文件为高校体医融合的发展提供了明确的发展方向和行动指南。通过政策的引导，可以确保高校在体医融合的实践过程中有法可依、有章可循，避免了因无指导性文件而产生的无序状态。

2）资金投入则是体医融合工作得以顺利开展的物质基础。由于体医融合工作涵盖的内容广泛，包括但不限于体育设施的建设与维护、专门体育保健与康复教师的引进与培训、相关课程的开发与教学、科研项目的研究与支持等，这些都离不开充足的资金支持。只有获得了足够的资金投入，高校才能更好地进行体育设施的升级改造，为体质弱势群体提供更安全、更适宜的锻炼环境；才能聘请到专业知识丰富、技能过硬的体育保健与康复教师，为学生提供更优质的教学服务；也才能支持相关科研项目的深入研究，推动体医融合理论与实践的创新与发展。

政策支持与资金投入还能促进体医融合相关产业的发展。例如，通过政策的扶持，可以培育和壮大体育保健与康复市场，引导、鼓励企业和社会力量参与到体医融合的产业链中，提供更优质、更多元的产品。而资金的投入则可以推动相关产业的技术创新和服务升级，进一步激发市场活力，形成良性循环。

然而，实际操作过程中，政策支持与资金投入的完全到位并不容易，这需要政府、高校以及社会各界的共同努力。政府需要进一步完善相关的法律法规，制订具体的实施细则，并确保政策的有效落实。高校则需要积极与政府部门沟通，合理规划和使用体育资金，同时，也要加强与企业和社会力量的合作，争取更多的社会资源投入到体医融合的工作中来。

六 运动处方与高校体质弱势群体健康促进

（一）运动处方的概念和作用

运动处方一词的提出，源于医学领域中对疾病患者进行的个性化治疗方案。这一概念随后被引入到体育健康领域，同样强调根据个体的具体情况，包括身体状况、运动能力、兴趣爱好等多方面因素，来制订个性化的运动计划。运动处方的核心目的是帮助个体科学地、系统地进行体育锻炼，以达到增强体质、预防疾病、促进身心健康的效果。

在高校环境中，运动处方的应用尤其重要。对于体质弱势学生来说，他们可能存在各种健康问题，如心脏病、哮喘、肥胖症等，这些问题导致他们在参与某些运动项目时受到限制。另一方面，他们与普通大学生相比，可能在运动技能、兴趣爱好、时间安排等方面存在差异。因此，为这些群体制订运动处方，就成了帮助他们改善体质、提高生活质量的关键措施。

运动处方的作用体现在多个方面。首先，它能够针对个体的具体问题，提供科学、有效的解决方案。通过对个体的身体状况、健康史、运动能力等进行全面评估，运动处方可以找出最适合个体的运动项目，以及运动强度、运动频率等，从而避免运动伤害，实现体质的提升。其次，运动处方有助于养成良好的运动习惯。通过定期、定量的运动计划，个体可以建立起运动的日常规律，这对于长期保持健康、预防慢性疾病有着重要意义。第三，运动处方可以进行动态调整。由于个体的身体状况、运动需求等因素会随着时间改变，运动处方也需要随之调整，这样的动态性保证了运动方案的持续有效性。

在具体实施过程中，运动处方要求体育教师或相关指导人员具备较高的专业素养，他们不仅要了解运动科学的相关知识，还要能够与个体进行有效沟通，了解其真实的运动需求。同时，运动处方也需要医疗人员的参与，他们可以提供必要的健康咨询和医疗监督，确保运动的安全性。

总的来说，运动处方为高校体质弱势群体提供了一种科学、有效、个性化的运动健康促进方案。通过运动处方的实施，可以帮助这些群体改善体质、提高生活质量，同时也为高校的健康教育与服务提供了一种新的思路和方法。

（二）运动处方的种类和应用范围

运动处方是根据个体的身体状况、运动史、健康状况以及特定的健身目标，由专业教练为其量身定制的个性化运动方案。运动处方的种类繁多，包括有氧运动、力量训练、柔韧性训练等多种类型，适用于各类人群，特别是那些有特定健康问题或康复需要的人群。

1）有氧运动处方是针对那些需要提升心肺功能、增强身体耐力的人群。通过进行有规律的有氧运动，如慢跑、骑自行车、游泳等，可以有效地提高个体的氧气摄取和利用能力，改善心肺功能，同时也有助于燃烧脂肪，达到减肥的目的。对于高校体质弱势群体来说，有氧运动可以帮助他们提升体能、增强体质，是健康促进的重要组成部分。

2）力量训练处方则是为增强肌肉力量和肌肉耐力而设计的。通过针对不同肌肉群的力量训练，可以帮助个体改善体型，增强关节稳定性，预防骨质疏松等问题。对于那些由于疾病或伤害导致肌肉萎缩的人群，力量训练更是不可或缺的康复手段。在高校中，力量训练可以帮助体质弱势学生改善因疾病或伤害导致的肌肉无力问题，促进身体的康复。

3）柔韧性训练处方主要是为了提高个体的身体柔韧性和关节活动范围。通过进行瑜伽、普拉提、伸展运动等柔韧性训练，可以帮助个体放松身体，缓解压力，改善身体的协调性和平衡能力。在高校中，柔韧性训练对于缓解体质弱势学生的身体紧张和心理压力，提升他们的身体健康和幸福感具有积极作用。

总的来说，运动处方的种类繁多，应用范围广泛，可以根据不同的个体需求和目标进行个性化设计。在高校中，针对体质弱势群体的健康促进运动处方应该综合考虑学生的体质状况、健康需求、兴趣爱好等因素，科学合理地制订运动方案，帮助他们改善体质、增强自信、促进身心健康。同时，运动处方的实施还需要专业的教练和医疗人员的指导和监督，以确保运动的安全性和有效性。

（三）运动处方的制订和实施

运动处方的制订是一个复杂且专业的过程，它要求根据个体的具体情况，如身体状况、运动经验、兴趣爱好等因素进行综合评估后，由具备相关资质的专业人员进行指导和设计。这样的个性化设计可以确保运动的安全性和有效性，最大程度地避免运动伤害的发生，并促进身体功能的恢复和增强。

个体的身体状况评估包括对身体素质的测试，如力量、耐力、柔韧性和协调性的测试，以及对个体的健康状况的询问和检查，如是否有过往的运动伤害、疾病史等。通过这些评估，专业人员可以了解个体的身体状况，为运动处方的设计提供科学的依据。

接下来，运动经验的评估也是不可忽视的一环。运动经验不仅包括过往的运动训练史，还包括个体对运动的兴趣和喜好。这会影响运动处方的实施效果，因为兴趣喜好可以提高个体的参与积极性。

在以上评估的基础上，专业人员会根据个体的具体情况，制订出相应的运动处方。这个过程中，会充分考虑个体的生理特点、运动能力、健康状况和运动目标，设计出科学、合理的运动方案。运动处方可能包括运动的类型、强度、频率、时间以及休息和恢复的安排等。

在实施运动处方的过程中，定期的效果评估是必不可少的。通过对个体运动前后的身体状况进行对比，以及对运动过程中的反应进行观察，可以了解运动处方的实施效果，并及时进行调整。这样的调整可能包括运动强度、类型或频率，或是推荐新的运动项目，以确保运动处方的有效性和安全性。

专业人员的指导在运动处方的制订和实施过程中起到了至关重要的作用。他们不仅需要具备运动科学、健康教育等多方面的专业知识，还需要具备良好的沟通和指导能力，能够根据个体的特点和需求，灵活调整和实施运动处方，帮助个体实现运动目标，同时确保运动的安全。

综上所述，运动处方的制订和实施是一个科学、系统的过程，需要根据个体的具体情况进行个性化设计，并在实施过程中定期评估和调整。这样的运动处方对于高校中的体质弱势学生来说尤为重要，可以帮助他们改善体质，提高生活质量，同时也需要得到学校、家庭和社会的共同支持和帮助。

（四）针对高校体质弱势群体特点的运动处方策略

针对高校体质弱势群体特点的运动处方策略是一个复杂而精细的过程，它需要综合考虑个体的健康状况、运动能力、兴趣爱好、年龄、性别及文化水平等多方面因素，制订谨慎和个性化的方案。

1）针对高校体质弱势群体的运动强度必须适当降低，以避免对他们的身体造成过度负担。这类学生可能存在不同程度的身体机能问题，因此，温和到中强度的运动更适合他们，比如快走、慢跑、瑜伽、游泳等。

2）运动频率的确定也至关重要。这些学生需要定期进行运动来维持和提高身体机能，但也要避免过度训练。因此，可以设定每周 3~5 次运动计划，每次运动时间可以根据个体情况进行调整，一般在 20~60 分钟。

3）运动时间的安排应充分考虑个体差异，确保在学生身体可承受的范围内。例如，可以将运动时间安排在下午下课后，这样可以避免与他们的学习时间发生冲突，同时也能确保他们在身体状态最佳的时候进行运动。

4）运动处方的内容也需要丰富多样，以满足不同学生的兴趣爱好。例如，可以将团队运动、舞蹈、游泳、瑜伽等多种运动形式结合起来，既能提高学生的运动兴趣，也能让他们在不同的运动中得到全面的身体锻炼。

5）运动处方的科学性和安全性也不容忽视。在制订和实施运动处方的过程中，应严格遵循运动学和医学的基本原则，确保运动的安全性。要定期进行体质监测，及时调整运动处方，以保证其科学性和有效性。

（五）高校体质弱势群体运动处方的效果评估

在对高校体质弱势群体实施运动处方的过程中，对其效果进行定期评估是非常重要的一环。评估结果作为运动处方实施的效果反馈，帮助识别和修正可能存在的问题，进一步优化运动处方的设计和实施方案。通过定量和定性相结合的方式，从多个角度，多个层面来全面评估运动处方的效果。

1）定量评估通常包括对学生体质健康指标的测量和统计，比如身体素质的提升情况（速度、耐力、力量、柔韧性等）、体脂含量的变化、心肺功能的改善情况等。这些指标可以通过科学的实验室检测或标准的体质测试来获得。通过对比实施运动处方前后的数据，量化指标显现学生体质的变化，从而有效评估运动处方的效果。

2）定性评估则更多地关注学生的心理和社会适应情况，比如学生参与运动的积极性、运动中的愉悦感和成就感、同学间的互助合作关系、对运动的认知和态度的变化等。定性评估通常通过问卷调查、访谈、观察等方式来获取信息，了解学生在运动过程中的体验和感受，以及运动对心理和社会交往的影响。

在进行效果评估时，我们不仅要关注学生体质的变化，还要关注他们的运动兴趣和习惯是否得到了培养，以及他们是否形成了积极的生活方式。同时，我们也要考虑到学生的个体差异和特殊需求，因为不同的学生对运动的反应和适应程度可能会有所不同。

评估结果可以帮助我们了解运动处方的优点和不足，从而为后续的优化提供依据。比如，如果发现某项运动对某一群体的学生效果不佳，我们就可以尝试调整该运动的内容和强度，或者增加一些新的运动项目；如果发现学生在运动过程中的心理压力较大，我们就可以加强心理支持和辅导，帮助学生建立正确的运动观念和积极的运动态度。

总的来说，通过定期和全面的效果评估，我们可以持续优化运动处方，使其更加符合体质弱势群体的需求和特点，更好地促进他们的身心健康。

（六）运动处方的难点

在高校，针对体质弱势群体实施健康促进运动处方的过程中，如何根据个体特点制订合适的运动处方以及如何指导个体进行运动是两个主要的难点。这两个问题的解决对于运动处方的有效性和个体的参与度有着至关重要的影响。

1）如何根据个体特点制订合适的运动处方。这需要充分了解每个参与者的身体状况、健康史、运动能力和兴趣爱好。每个个体的情况都是独特的，因此需要进行详细的评估和分析。在实际操作中，可以通过健康问卷、体质测试和健康检查来获得这些信息。例如，对于有心脏病的学生，可能需要较为轻松的运动，如步行或游泳，而对于有关节问题的学生，可能需要避免对关节产生冲击的运动，如跑步。

2）如何指导个体进行运动。这涉及如何将运动处方有效地传达给个体，并帮助他们遵循的问题。指导者不仅需要具备运动科学的知识，还需要掌握沟通技巧和教育方法。在运动前，指导者需要解释运动处方的内容，以及为何要进行这些运动。在运动过程中，指导者需要提供实时的反馈和支持，以帮助个体调整运动形式或强度。在运动后，指导者还需要帮助个体理解运动处方，并根据需要调整运动处方。

在实施过程中，还需要注意个体的反馈和体验。个体的反馈可以帮助指导者了解运动处方的效果，以及是否需要进行调整。同时，也可以帮助个体建立运动信心。个体的体验则直接影响到个体是否愿意继续参与运动。因此，指导者需要创造一个支持性和激励性的环境，以帮助个体克服困难，坚持运动。

总的来说，制订合适的运动处方和指导个体进行运动是一个复杂且需要多方面技能的过程。它需要指导者充分了解个体的需求和限制，同时也需要指导者具备运动科学、沟通和教育的能力，发挥健康促进运动处方在高校的积极影响，帮助体质弱势群体改善体质，提高生活质量。

第七章

受众差异视域下高校体质弱势群体体育教学实践

体质弱势群体在高校中的体育教学问题一直备受关注。由于在体育能力、身体状况等方面存在一定的弱势，需要特别关注此群体学生的体育教学问题。在设计和实施体育教学时，需要充分考虑体质弱势学生的特殊需求，以提高学生的体育能力和改善身体状况。高校体质弱势群体体育教学的重要性有以下 5 点。

1）有利于贯彻落实国家相关政策。国家相关部门多次发文明确指出，要关心并帮助肥胖症学生、身体素质较差的学生、因身体原因无法参加体育运动的学生、听障学生、盲人学生等，让每一个学生都能掌握至少两项体育运动技能。

2）有利于增强学生体质。体质弱势群体由于身体的原因，通常会被排斥在集体性活动之外，很少有机会接触体育活动，因此，他们的体质通常较差。对这部分群体进行有针对性的教育，使他们的身体素质逐渐提高，并积极参与到体育活动中，对改善他们的体质有重要作用。

3）有利于培养学生健全的人格。对于体质弱势学生来说，他们通常会有自卑、自闭、抑郁等心理问题，通过教师的关爱和鼓励，使他们能够积极地参与到体育活动中，并在活动中建立自信，形成健全的人格。

4）有利于丰富课堂教学。对于体质弱势学生的教育，需要教师进行有针对性的教学，这就需要教师不断地丰富教学内容、方法、手段等，从而丰富课堂教学。

5）有利于构建和谐的师生关系。对于体质弱势学生来说，他们通常会有自卑、自闭、抑郁等心理问题，教师在教学的过程中，通过积极的鼓励、引导和帮助，使他们能够积极地参与到体育活动中，并在活动中建立自信，这对构建和谐的师生关系也起到积极作用。

第一节 受众差异视域下高校体质弱势群体体育教学目标

一 体育教学目标概述

体育教学目标是体育教育的最终预期结果，它指导着体育教学活动的方向和内容，是评价体育教学效果的重要依据。

在针对高校体质弱势群体体育教学目标的实践中，教学目标应当根据学生的具体情况进行个性化设定。例如，对于病残类学生，体育教学目标应当以恢复和改善身体状况为主，重点在于提高病残类学生的运动能力和身体机能，帮助这类学生恢复到正常体育活动水平。对于体能类和体型特异类学生，体育教学目标应当以提高身体素质和改善身体形态为主，重点在于增强学生的体能和改善学生的身体比例。

在体育教学目标的实施过程中，教师应当根据学生的实际情况进行教学方法和内容的调整，以保证教学目标的实现。

此外，在高校体质弱势群体体育教学目标的实施过程中，教师还应当注重学生的心理健康，通过教学帮助学生消除心理障碍，提高学生对体育活动的积极性和自觉性。

二 高校体质弱势群体体育教学目标的特点

在高校体育教育中，体质弱势群体是一个不可忽视的群体。由于生理缺陷、疾病等原因，导致其身体素质、运动能力等方面存在一定程度的问题。因此，针对这个群体的体育教学目标，应更加注重个体差异，注重健康和全面发展。

1）高校体质弱势群体体育教学目标的特点之一是个体差异。由于每个学生的身体状况、健康状况、运动能力等都有所不同，因此，在制订教学目标时，需要考虑到这些差异。例如，对于一些体能弱势的学生，教学目标可能需要更加注重基础体能的提高，而对于一些运动能力较强的学生，教学目标可能需要更加注重提高运动技能和竞技水平。

2）高校体质弱势群体体育教学目标的特点之二是健康和全面发展。体育教育的根本目的是提高学生的身体素质，促进其身心健康的发展。对于体质弱势群体来说，由于其身体状况的特殊性，更需要通过体育锻炼来提高身体素质，改善健康状况。同时，体育教育也是促进学生全面发展的重要手段，可以提高体质弱势学生的运动技能，培养团队协作能力和领导能力，提高社会适应能力。

传统的体育教学方式可能并不适合体质弱势群体，因此，需要不断创新教学方式，如小组教学、个性化教学、康复训练等。

综上所述，高校体质弱势群体体育教学目标的特点是个体差异、健康和全面发展、注重教学方式的创新。

三 高校体质弱势群体体育教学目标的实施

（一）教学内容设计

1）教学内容设计的针对性。依据体质弱势学生可能存在肺活量偏低、下肢力量弱、有氧耐力及柔韧性较差和肥胖的体质特征，教师应设计有针对性的教学内容。例如，可以增加柔韧性练习、耐力跑练习、下肢力量练习等运动方式，以提高他们的身体素质和体育技能。

2）教学内容设计应注重个体差异。由于体质弱势学生的体质特点不同，他们在体育教学中的需求和适应能力也会有所差异。因此，在设计教学内容时，教师需要根据每个学生的具体情况进行调整，以满足个性化需求。例如，在体育课程的设置上，可以提供多样化的运动项目，让学生根据自己的兴趣和身体状况进行选择，从而提高他们的学习积极性和参与度。

3）教学内容设计应注意运动安全。在设计教学内容时，教师需要充分考虑运动的安全性，避免因运动而加重身体负担。例如，在教学过程中，教师可以对运动项目进行适当调整，降低运动强度，以减少运动风险。

（二）教学方法与手段选择

在针对高校体质弱势群体进行体育教学时，教学方法与手段的选择应充分考虑他们的特殊性。

1）个别化教学是一种非常适合体质弱势学生的教学方法。由于每个学生的身体状况和体能水平都有所不同，个别化教学可以根据每个学生的具体情况，制订出个性化的训练计划，以满足体质弱势学生的特殊需求。此外，这种教学方式还能激发学生的学习兴趣，提高他们的学习积极性。

2）小组合作教学也是一种非常适合体质弱势群体教学的有效手段。对于一些体能较弱的学生来说,可以在小组合作中得到更多的支持和鼓励,从而增强参与者的自信心。此外，小组合作教学还能培养学生的团队精神，这对于体质弱势学生的全面发展是非常有益的。

3）网络视频教学可以帮助学生更好地理解体育动作要领，提高他们的体育技能。同时，这些科技手段也可以方便教师对学生的学习情况进行实时监控，及时调整教学计划，提高教学效果。

4）教师在教学过程中，应注重对学生的心理辅导。由于体质弱势群体往往面临着更大的社会压力，在体育学习中可能会产生一定的心理障碍。因此，教师应注重对学生的心理辅导，帮助他们克服心理障碍，提高学习积极性。

（三）教学环境与资源配置

在高校中，体质弱势群体是体育教育的一个重要组成部分。他们的身体异常和病、残、弱等情况，需要特殊的体育课程来进行康复和保健。因此，学校应提供适宜的体育教学环境，如宽敞的体育场地、良好的体育设施等。

1）宽敞的体育场地可以为弱势群体提供更大的活动空间，使他们能够更自由地进行体育锻炼。在选择场地时，应考虑安装无障碍设施，以确保体质弱势群体的安全。同时，场地的清洁和维护也非常重要，这将影响学生的学习积极性和学习效果。

2）良好的体育设施也是必不可少的。这些设施要能够满足体质弱势群体不同的体育锻炼需求，如轮椅、助行器等。此外，设施的维护和更新也非常重要，以确保设施的可靠性和安全性。

3）除了场地的选择和设施的提供，教师的专业素质也是影响体育教学效果的重要因素。教师应该具备丰富的专业知识和经验，能够针对体质弱势群体的特点进行教学。同时，教师的态度和教学方法也会对学生的学习效果产生影响。因此，教师的培训和选拔也非常重要。

4）教学资源的共享也是提高体育教学效果的重要途径。高校可以与其他学校共享体育设施，这不仅可以降低教学成本，也可以提高教学资源的利用率。

总的来说，高校应该从场地的选择、设施的提供、教师的培训和选拔、教学资源的共享等多方面来提供适宜的体育教学环境，以满足体质弱势群体的体育需求，提高他们的身体素质。

（四）教学过程中的评估与调整

针对体质弱势群体，高校体育教学过程中的评估与调整显得尤为重要。首先，我们需要定期对学生的体育学习情况进行评估，以了解他们的学习进度、体质状况的改善以及学习表现。通过这些评估结果，我们可以更好地调整教学策略，使其更符合学生的实际需求。其次，评估结果的反馈也应具有及时性。对于评估结果显示身体素质较弱的学生，教师可以增加他们的体育训练强度，以帮助他们提高身体素质。评估结果的及时反馈不仅仅是为了调整教学策略，更是为了激发学生的学习积极性。通过评估结果的反馈，学生可以看到自己的进步和发展。最后，评估与调整的过程应是一个持续的过程，教师需要根据学生的学习情况和评估结果，不断调整教学策略，以达到最好的教学效果。这需要教师具备丰富的教学经验和专业知识，以及对学生的深入了解。

四 高校体质弱势群体体育教学目标实施的效果分析

（一）教学目标的达成情况

在高校体质弱势群体体育教学中，教学目标的达成情况是一个非常重要的指标。通过评估学生的身体素质和健康状况，我们可以了解教学目标的达成情况，进而调整教学计划和方法，提升教学效果。

1. 了解高校体质弱势群体的特点和需求

体质弱势学生往往存在身体缺陷或者健康问题，因此在体育教学过程中需要特别关注他们的身体状况和体能水平。我们可以通过测量学生的身高、体重、体脂率、心率等指标，来评估他们的身体素质和健康状况。同时，我们还需要了解他们的身体缺陷和健康问题，以便在教学过程中给予他们更多的关注和支持。

2. 明确教学目标

在高校体质弱势群体体育教学中，教学目标应该是提高学生的身体素质和健康状况，增强他们的自我保健意识和运动能力。我们可以通过制订相应的教学计划和方法，来达到这些教学目标。例如，我们可以安排一些适合他们的有氧运动和力量训练，帮助他们增强体能和肌肉力量。同时，我们还可以提供一些健康饮食的建议，帮助他们改善身体状况。

3. 定期进行评估

在教学过程中需要定期对学生的身体素质和健康状况进行评估，以了解教学目标的达成情况。我们可以通过测量学生的各项指标，来评估他们的身体状况和体能水平。同时，我们还可以通过观察他们的运动表现和健康状况，来评估教学效果。如果发现学生的身体状况和体能水平没有达到预期目标，我们可以及时调整教学计划和方法，以提高教学效果。

基于受众差异视域下高校体质弱势群体体育教学目标，我们可以通过评估学生的身体素质和健康状况，来了解教学目标的达成情况。通过明确教学目标、制订相应的教学计划和方法，以及定期进行评估，我们可以提高教学效果，帮助高校体质弱势群体改善身体状况，增强他们的自我保健意识和运动能力。

（二）存在的问题与挑战

在高校体质弱势群体的体育教学过程中，存在着一些问题和挑战。首先，教学内容的设置问题。由于体质弱势学生的身体机能、个性、运动能力等方面的差异，他们的体育教学目标具有多样性。然而，当前的教学内容设置并没有针对他们的实际情况进行优化，导致他们的体育学习效果不尽如人意。其次，教学评价的问题。高校体育教学的评价体系需要淡化运动技能评价，关注学生的体育学习进步幅度、体质状况的改善及学习表现。然而，现行的评价体系并未充分考虑到学生的个体差异，评价标准过于刚性，使得学生的学习积极性受到打击。再者，体育课程的评价机制问题。在体育课“副科”地位依旧的情况下，现行的体育评价机制往往有形式主义倾向。有一些评价标准的制订没有考虑各地区、各学校体育设施等条件的差异，评价标准和学生的实际水平存在偏差。这些问题和挑战需要在教学过程中进行改进和优化，以提高体质弱势群体的体育教学效果。

（三）对高校体质弱势群体体育教学目标的启示

1）高校应该根据体质弱势群体的特点，调整教学目标和教学内容。例如，针对病残类学生，教学目标可以设定为提高生活质量，增强生活自理能力，提高生活质量满意度；针对体能类学生，教学目标可以设定为提高体能，增强体质，提高生活质量；针对体型特异类学生，教学目标可以设定为提高体能，改善体型，提高生活质量。

2）高校应该加强个性化教学。例如，针对不同学生的身体状况和需求，制订个性化的运动处方，确保每个学生都能在适合自己的运动强度下进行锻炼，避免因运动不当而对身体造成伤害。同时，针对学生的运动兴趣和爱好，开设多样化的体育课程，提高学生的运动积极性。

3）高校应该加强课外体育活动的组织。例如，定期组织学生参加户外运动，如徒步、登山、游泳等，提高学生的身体素质，增强学生的体育技能。同时，鼓励学生参加各类体育比赛，提高学生的体育竞技水平，增强学生的自信心。

4）高校应该加强教师队伍建设。例如，定期对教师进行体育教学培训，提高教师的教学水平和专业素养；鼓励教师进行科研创新，为高校体质弱势群体体育教学提供理论支持。

总的来说，高校应该从体质弱势群体的特点出发，调整教学目标和教学内容，加强个性化教学，加强课外体育活动的组织，加强教师队伍建设，以提高高校体质弱势群体体育教学效果，增强学生的体育素养和身体素质，提高学生的体育技能。

第二节 受众差异视域下高校体质弱势群体体育教学内容

一 体育教学内容设计的理论基础

1）体育教学内容设计应以人的需求为导向。体育教学的内容设计应该充分考虑学生的生理需求、心理需求和社会需求。例如，对于体质弱势群体的体育教学内容设计应该以提高他们的身体素质，改善他们的身心状况，帮助他们融入社会为目标。对于这部分学生，教学内容应该以康复、保健为主，通过运动来帮助他们矫正和补偿身心缺陷，提升他们的身体健康水平。

2）体育教学内容设计应该注重内容的丰富性和多样性。体育教学的内容设计应该尽可能丰富和多样化，以满足不同学生的需求。例如，对于体质弱势群体的体育教学内容设计应该以多样性为主，尽可能提供多种类型的体育活动，以满足他们的个性化需求。同时，体育教学的内容设计也应该考虑内容的连贯性和系统性，以帮助学生更好地理解和掌握体育知识。

3）体育教学内容设计应该注重教学方法和教学措施的针对性。体育教学的内容设计应该根据学生的实际情况，制订出有针对性的教学方法和措施。例如，对于体质弱势群体的体育教学内容设计应该以个性化的教学方法为主，以满足他们的个性化需求。同时，体育教学的内容设计也应该考虑教学方法的灵活性和多样性，以适应学生的不同需求。

二 受众差异视域下的体育教学内容设计原则

在受众差异视域下，高校体质弱势群体体育教学内容的设计应充分考虑体质弱势学生的特点和需求，以实现有针对性的教学。

1）教学内容的设计应注重实用性，以提高学生的学习兴趣和参与度。针对体质弱势群体的特点，体育教学内容的设计应强调易学易用，避免过于复杂的技能和动作。例如，对于残疾学生，可以设计一些简单的身体锻炼动作，帮助他们保持身体活动能力和提高生活质量。对于病残类学生，可以设计一些有助于康复的运动，如呼吸训练和肌肉松弛练习，以帮助他们缓解病痛和恢复身体功能。

2）教学内容的设计应注重个体差异。每个学生的身体状况和健康状况都有所不同，需要相应的体育教学内容。例如，对于体型特异类学生，可以设计一些针对肥胖症和瘦弱学生的特殊锻炼项目，以帮助此类学生达到健康的体重范围。

3）教学内容的设计应注重教学的趣味性。体质弱势学生可能因为身体状况的原因，对于一些传统的体育活动会感到力不从心。因此，增设一些有趣的体育活动，以吸引他们的参与。例如，我们可以设计一些基于轮椅的体育活动和赛事，如轮椅篮球和轮椅乒乓球，以提高体质弱势学生的运动兴趣和参与度。

三 体育教学内容设计的实践策略

针对高校体质弱势群体的体育教育问题，需要从教学内容、教学方法等方面进行改革和创新。树立“健康第一”的教育理念，注重学生的身心健康，并实施个性化教育，以满足不同学生的需求。

1）在教学内容方面，需要从丰富性和多样性两方面进行改革。一方面，增加一些有助于提高学生身心健康的体育项目，如瑜伽、太极等；另一方面，根据学生的兴趣和特长，开设一些具有个性化的体育项目，以提高学生的学习积极性。

2）在教学方法方面，可以采用多种教学方法，如示范、讲解、练习、比赛等，以提高学生的学习效果。也可以利用现代科技手段，如网络视频等，为学生提供更多的学习资源，以满足学生的个性化需求。

通过实施有针对性的体育教学内容，高校可以有效提高体质弱势群体的体育锻炼能力，改善他们的身体状况。同时，这也有助于提高他们的学习积极性，增强他们的自信心，培养他们的团队合作精神，使他们能够在体育活动中体验到团结协作的快乐，提高他们自觉参加体育活动的积极性和自觉性。

四 体育教学内容设计的实践发展

1）高校体质弱势群体体育教学内容的设计需要充分考虑受众的差异性。由于体质弱势群体的身体状况、体能水平、运动习惯等方面的特殊性，高校体质弱势群体体育教学需求与普通学生有很大的不同。因此，在体育教学内容的设置上，应该采取针对性策略，以满足他们的特殊需求。

2）体育教学内容的设置应该个性化。针对体质弱势学生的身心特点和运动需求，应该设计出符合他们特点的体育教学内容。例如，对于一些体能较弱的学生，可以设置一些强度适中、对身体负担较轻的运动项目；对于一些体型特异类学生，可以设置一些能够帮助他们塑造美好体态的运动项目。

3）体育教学内容的设置应该多样化。对于体质弱势学生来说，因为各种原因而无法接触到所有的体育项目，在体育教学内容的设置上，应该尽量丰富多样，以满足其学习需求。例如，可以设置一些传统的体育项目，如跑步、跳绳等，也可以设置一些身心结合的体育项目，如瑜伽、太极等。这样，可以帮助他们拓宽视野，丰富知识，提高运动技能。

4）体育教学内容的设置应该互动化。对于体质弱势学生来说，可能因为身体原因而无法单独进行运动。因此，在体育教学内容的设置上，应该注重互动，以提高他们的运动参与度。例如，可以设置一些团队运动项目，如篮球、足球等，也可以设置一些合作运动项目，如瑜伽、太极等。这样，可以帮助他们提高团队合作能力，增强他们的社交能力。

5）体育教学内容的设置应该科学化。对于体质弱势学生来说，他们的身体状况可能存在一些问题，因此，在体育教学内容的设置上，应该注重科学，以保证他们的运动安全。例如，可以设置一些有针对性的健康运动处方，如减肥、增肌、塑形等，也可以设置一些运动损伤预防的课程，如拉伸、放松等。这样，可以帮助他们避免运动伤害，提高运动效果。

第三节
受众差异视域下高校体质弱势群体体育教学方法

一　体育教学方法对高校体质弱势群体身心发展的影响

在当前高校体质弱势群体日益增加的情况下，体育教学方法的有效性对于高校体质弱势群体的身心健康至关重要。

1）体育教学方法应当注重个体差异性。由于他们的身体状况和健康状况不同，因此需要采用不同的教学方法和手段来满足他们的需求。例如，一些学生可能需要更多的休息和调整时间，而另一些学生可能需要更多的刺激和挑战。因此，体育教师需要根据学生的个人情况来制订相应的教学计划，以保证每个学生都能够得到充分的发展和锻炼。

2）体育教学方法应当注重科学性和合理性。针对高校体质弱势群体，体育教学方法应当遵循科学的原则，注重体质弱势学生的生理和心理规律，避免过度运动和训练，避免对身体造成不必要的负担。同时，体育教学方法也应当注重合理性，根据学生的身体状况和健康状况来制订合适的运动项目和强度，以保证他们能够在运动中得到充分的发展和锻炼。

3）体育教学方法应当注重互动性和趣味性，以满足他们的个性化需求。例如，可以通过个性化的运动项目和训练计划来满足学生的个性化需求，同时也可以通过个性化的教学方法和手段来提高学生的参与度和积极性。

综上所述，体育教学方法对高校体质弱势学生身心发展的影响是多方面的，需要综合考虑学生的健康状况等因素，制订合适的教学计划和方法，以达到提高学生的身心健康、促进学生全面发展的目的。

二　高校体质弱势群体体育教学方法存在的问题

1）针对性调整不合理。当前高校体育教学方法的选择存在一定的偏差，很多教学方法并未针对体质弱势群体的特点进行调整，导致教学效果不佳。

2）体育教学实施不到位。虽然高校已意识到体质弱势群体体育教学的重要性，但在实际教学过程中，由于种种原因，如教师缺乏专业知识、教学资源不足等，导致体育教学实施不到位。这不仅影响了教学效果，还可能加重了体质弱势群体的心理负担。

3）体育教学效果评估不科学。体育教学效果的评估是衡量体育教学质量的重要手段。然而，在高校中，针对体质弱势群体的体育教学效果评估往往不够科学。如评估标准过于单一、评估方法不科学等，这些问题都限制了教学效果的提高。

4）影响因素复杂。体质弱势群体体育教学问题的产生，不仅与教学方法、实施等有关，还受到诸多因素的影响，如家庭背景、社会环境等。这些因素相互作用，使得体质弱势群体的体育教学面临诸多挑战。

三 高校体质弱势群体体育教学方法的选择与实施

在选择体育教学方法时，需要考虑受众的身体状况和健康状况。对于体质弱势群体，需要选择一些对身体负担较小的体育教学方法，如瑜伽、太极等。这些体育教学方法可以降低他们的身体负荷，避免因运动而导致身体损伤。同时，这些体育教学方法还可以帮助他们放松身心，缓解压力，提高生活质量。高校体质弱势群体体育教学方法的选择与实施需要兼顾以下 6 个方面。

1）针对性。针对高校体质弱势学生的特点，可以选择一些强度较低、负荷较小的体育项目进行教学。比如，瑜伽、太极等，这些项目可以帮助学生锻炼身体，提高柔韧性，缓解身心压力，有利于改善他们的身体健康状况。

2）趣味性。高校体质弱势学生往往对传统竞技体育项目缺乏兴趣，因此，在体育教学方法的选择上，应注重培养体育兴趣，激发体育参与热情，选择一些富有创意和趣味性的体育项目，如定向越野、户外拓展等，这些项目可以提高学生的参与度和锻炼效果。

3）个性化。针对高校体质弱势学生个体差异较大的特点，采取个性化的体育教学方法，如分组教学、一对一指导等。教师可以根据学生的实际情况，制订合适的训练计划，提高训练效果。

4）合作性。高校体质弱势学生往往在团队协作方面存在一定的困难，因此，在体育教学方法选择上，应注重培养团队协作能力。例如，组织一些团队性较强的体育项目，如足球、篮球等，这些项目可以提高学生的团队协作能力，有利于学生未来更好地融入社会。

5）合理性。针对体质弱势学生需要选择一些简单易学的体育教学方法，使体质弱势学生可以在轻松愉悦的氛围中进行运动，提高他们的运动积极性和参与度。

6）创新性。针对体质弱势学生可以尝试一些新的体育教学方法，如体育游戏、户外拓展等。

四 高校体质弱势群体体育教学方法的效果评估

体育教学方法的实施与效果评估对体育教学方法的优化和调整具有重要意义。在实施体育教学方法时，应充分考虑受众差异，针对不同群体的特点制订相应的教学策略。

1）体育教学方法的效果评估需要考虑个体差异。由于高校体质弱势学生存在身体机能、心理素质等方面的差异，因此需要针对他们的特点进行评估。在评估过程中，应注重对体质弱势群体体育教学方法的实际应用效果进行评价，如教学目标的达成情况、学生的体育技能水平提高程度等。同时，还需要关注教学方法对体质弱势学生心理素质的影响，如自尊心、自信心等方面的变化。

2）体育教学方法的效果评估应采用定性和定量相结合的方法。定性评估主要通过观察、访谈等手段，了解体质弱势学生在体育教学过程中的表现和反应。定量评估则需要借助相关数据和指标，如学生的体质测试成绩、体育课程参与度等，对教学方法的效果进行量化分析。通过定性和定量相结合的方法，可以更全面地评估体育教学方法的效果，为后续教学改革提供依据。

3）体育教学方法的效果评估还应注重过程性评价。关注教学过程中的动态变化，如学生的体育技能进步情况、对教学方法的反响等。通过过程性评价可以及时发现教学方法存在的问题，为教学改革提供有力支持。

4）体育教学方法的效果评估应注重长期跟踪研究。由于高校体质弱势学生在体育教学过程中可能面临诸多挑战，如时间、场地、师资等资源限制，因此需要对教学方法的效果进行长期跟踪研究。通过长期跟踪研究，可以更好地了解教学方法对体质弱势学生体质健康的影响，为高校体育教学改革提供有益经验。

综上所述，在受众差异视域下高校体质弱势群体体育教学方法的效果评估，需要考虑个体差异、采用定性和定量相结合的方法、注重过程性评价以及长期跟踪研究。通过这些评估方法，可以全面、准确地了解教学方法的效果，为高校体育教学改革提供科学依据。

五 优化高校体质弱势群体体育教学策略

针对体质弱势学生的体质健康状况、兴趣爱好、文化背景等因素，制订个性化的教学计划和教学方案，采用不同的教学方法和手段，以满足学生的不同需求，提高教学效果。

1）运动训练方法。针对体质弱势学生的运动能力不足、缺乏运动习惯等问题，采用运动训练方法，如基本技能训练、有氧运动训练、力量训练等，以提高学生的运动能力和体育水平。

2）心理辅导方法。针对高校体质弱势学生可能存在的心理障碍，采用心理辅导方法，如心理疏导、心理治疗等，以帮助学生克服心理障碍，提高体育运动的积极性和主动性。

3）运动康复方法。针对高校体质弱势学生可能存在的身体疾病或损伤等问题，采用运动康复方法，如康复训练、功能训练等，以提高学生的身体素质和运动能力。

针对高校体质弱势群体体育教学方法和手段，老师需要进行定期的评估和反馈，以便及时调整教学方法和手段，提高教学效果。

第四节　受众差异视域下高校体质弱势群体体育教学教师队伍建设

高校体育教师队伍建设的必要性不言而喻。一方面，优秀的体育教师队伍是提高体育教学质量的关键，能够更好地激发学生的运动兴趣，培养学生的体育素养和健康观念。另一方面，体质弱势群体更需要专业且有爱心的教师来指导他们进行适当的体育锻炼，帮助他们改善体质，提高生活质量。

一　体质弱势群体体育教学教师队伍建设现状及问题

当前高校体质弱势群体体育教学教师队伍的建设现状及问题主要体现在以下 3 个方面。

1）许多高校在体育教师的招聘和培养上存在不足，一些学校管理者认为体育教学不需要太高的学历和专业知识，这种观念直接影响了体育教师队伍的建设和发展，导致体育教师队伍的整体素质不高。

2）学校对体育教师的重视程度不够，使得教师的发展和提高得不到有效的支持和保障。

3）教师个人发展定位的误区。一些教师存在重科研、轻教学的现象，过于关注科研成果而忽视了教学的重要性；一些教师缺乏敬业精神、不关心学生、不注重学术研究，这些问题都会影响教学质量和学生的全面发展。

二　高校体育教师队伍建设对体质弱势群体体育教学的影响

体育教师的专业素质和能力是决定体质弱势群体体育教学质量的关键因素。体育教师不仅需要具备扎实的体育专业知识，还需要掌握一定的教育学、心理学和医学知识，以便更好地理解和满足体质弱势群体的需求。

1）体育教师的教学方法和手段也是一个重要的影响因素。对于体质弱势学生来说，他们的身体状况和体育基础都存在较大的差异，因此，体育教师需要采用灵活多样的教学方法和手段，以满足不同学生的需求。然而，当前一些高校的体育教师可能仍然采用传统的、单一的教学方法，难以激发体质弱势学生的学习兴趣和积极性，从而影响了教学效果。

2）体育教师的敬业精神和责任感也是一个重要的影响因素。体质弱势学生往往在体育学习中面临更多的困难和挑战，体育教师需要有足够的耐心和责任感，才能真正关心和帮助到这些学生。

3）体育教师队伍的结构和稳定性也是一个重要的影响因素。一个合理的体育教师队伍结构和稳定的教师队伍，将有助于提高体质弱势群体体育教学的质量和效果。然而，当前一些高校可能在这方面存在不足，如教师队伍结构不合理，或者教师队伍不稳定，这将直接影响体质弱势群体的体育教学效果。

三 高校体质弱势群体体育教学教师队伍建设策略的实践与效果

关于教师队伍建设策略的实践与效果，一些高校已经在这方面进行了积极的尝试和探索。例如，一些学校通过聘请有丰富教学经验和专业知识的教师，来提升体育保健课程的教学质量。这些教师不仅在课堂上能够有效地传授知识，还能通过自身的影响力激励学生积极参与体育活动。同时，一些学校也开始重视对中青年教师的培养，通过提供进修和培训的机会，帮助他们提升教学能力和专业素养。这些做法在一定程度上优化了教师队伍的结构，提高了教学质量。

教师队伍建设策略的实践仍存在一些问题和挑战。例如，由于资金和时间的限制，一些学校在引进优秀教师方面还面临着一定的困难。此外，中青年教师的培养也需要持续的投入和支持。这些问题需要我们在未来的实践中加以解决。

在教师队伍建设策略的优化与改进方面，我们可以提出一些具体的建议。例如，学校可以通过增加体育教学改革项目的支持力度，鼓励教师进行教育教学研究，以推动课程体系的创新。同时，学校也可以通过提供更多的学习和交流机会，帮助教师们接触和学习更先进的教学理念和方法。此外，学校还可以通过建立激励机制，鼓励教师们积极参与教学改革，提高他们的工作积极性和教学水平。

总的来说，高校体质弱势群体体育教学教师队伍建设策略的实践与效果，以及教师队伍建设策略的优化与改进，都需要我们从实际出发，结合学校的具体情况，进行深入的研究和探索。只有这样，我们才能真正提升体育教学的质量，帮助更多的体质弱势群体参与到体育活动中来，帮助他们健康成长。

四 高校体质弱势群体体育教学教师队伍建设研究

在国内，对于高校体质弱势群体体育教学教师队伍的建设，研究者们主要关注了教师的专业素质、教学方法和教学内容等方面。研究认为，教师队伍的专业素质是影响教学质量的关键因素，因此，需要提高教师的专业水平，包括教学理论、教学方法和教学技能等。在教学内容上，应注重学生的全面发展，不仅要有养生保健的效果，还要有一定的竞技性和趣味性，以提高学生的学习兴趣和参与度。

然而，国内的研究也指出，当前的教师队伍在这些方面还存在一些问题。例如，一些教师的专业素质不高，对体质弱势群体的特点和需求了解不足；在教学方法上，还存在一刀切的现象，缺乏个性化和差异化的教学；在教学内容上，也存在重理论、轻实践的问题。

在国外，高校体质弱势群体体育教学教师队伍的建设策略也是研究者们关注的重点。研究发现，国外的教师队伍建设策略主要包括以下 4 个方面：一是提高教师的专业素质，包括教育背景、教学经验和教学技能等；二是采用多元化的教学方法，满足不同学生的需求；三是注重教学内容的实用性和趣味性，激发学生的学习兴趣；四是建立科学的评价体系，公正地评价学生的学习效果。

关于高校体质弱势群体体育教学教师队伍建设策略的研究，国内外的研究者们已经取得了一定的成果，但也存在一些不足之处。

1）针对体质弱势群体体育教学教师队伍建设的研究较少。现有的研究主要集中在高校体育教师队伍建设的整体层面，而针对体质弱势群体的特殊性进行深入研究的成果相对较少。这就导致在教师队伍建设过程中难以充分考虑到体质弱势群体的实际需求和能力水平，容易出现一刀切的现象，影响教学质量和效果。

2）在高校体育教师队伍建设研究现状方面，虽然有一些研究成果提出了教师队伍建设的策略和方法，但这些研究往往停留在理论层面，缺乏具体的实证研究和案例分析。这使得教师队伍建设的策略和方法在实际应用中的有效性和可行性得不到充分的验证和支持，限制了研究成果的推广和应用范围。

3）在高校体质弱势群体体育教学教师队伍建设策略研究现状方面，现有的研究多是从宏观角度出发，提出了一些较为笼统的建议和对策，如加强教师培训、完善教师评价体系等。然而，这些策略在具体实施过程中，往往会受到各种内外部因素的影响，如学校资源、政策支持、教师个人意愿等。因此，如何在实际操作中有效地将这些策略转化为实际行动，是当前研究需要发展的一个方向。

4）当前的研究在关注体质弱势群体体育教学教师队伍建设的同时，忽视了对体质弱势群体心理需求的深入探讨。教师队伍的建设不仅仅是硬件设施的完善，更需要关注学生的心理状态和情感需求。只有教师能够与学生建立良好的师生关系，才能更好地激发学生的学习兴趣和积极性，从而提高教学质量。

综上所述，当前高校体质弱势群体体育教学教师队伍建设研究在取得一定成果的同时，还存在着研究视角单一、研究内容不全面、研究方法缺乏实证支持等问题。未来的研究应当拓宽视野，结合理论与实践，深入探讨体质弱势群体体育教学教师队伍建设的有效途径，以促进我国高校体育教育的全面发展。

教师队伍的质量是影响高校体育教学质量的关键因素，一支专业素质高、结构优化的体育教师队伍，能够更好地开展针对体质弱势群体的体育教学，帮助他们提高体质，改善健康状况。相反，如果教师队伍建设滞后，可能导致教学方法和手段缺乏创新，无法满足体质弱势群体的特殊需求，从而影响教学效果。

为了提高体质弱势群体体育教学质量，高校需要加快体育专业师资团队建设的步伐。具体措施包括高薪聘请或吸引有经验的体育教师，引导中青年教师进行深层次教育，以及鼓励在职教师学习先进教学经验。通过这些策略的实施，可以有效提升体质弱势群体体育教学的效果，促进他们的身心健康发展。

结　语

本书以教育受众的差异性为切入点，探讨高校体质弱势群体健康教育在理论和实践上的相关问题。通过理论梳理，调研分析，了解此群体的健康状况、健康教育需求和存在的问题；其次，找出影响高校体质弱势群体健康教育的因素，包括生理因素、心理因素和社会因素等方面；随后，根据调查和分析的结果，提出相应的改进策略，包括改善教学设施、调整课程设置、加强师资培训等，并提出相应的改进策略，以期提高高校体质弱势群体的健康水平，促进其全面发展。

在未来，高校在体质弱势群体健康教育方面需要从以下几个方面进行深入研究和探讨。

1）高校应加大对体质弱势群体心理健康的研究力度。心理健康与身体健康密切相关，良好的心理健康有助于提高体质弱势学生的体质水平。因此，高校应关注体质弱势学生的心理健康状况，并采取有效措施进行干预，以促进体质弱势学生的全面发展。

2）高校应重视对体质弱势群体营养教育的普及。合理的营养摄入对体质弱势学生的身体健康至关重要。高校应加强对体质弱势学生营养知识的普及和教育，提高体质弱势学生的营养意识，促进他们形成良好的饮食习惯。

3）高校应关注体质弱势群体的体育锻炼习惯养成。体育锻炼是提高体质弱势学生体质的重要途径。高校应加强体育锻炼项目的推广和普及，鼓励体质弱势学生积极参加体育锻炼，养成良好的锻炼习惯。

4）高校应加强对体质弱势群体运动损伤的预防与康复研究。运动损伤是影响体质弱势学生体质的一个重要因素。高校应加强对运动损伤的预防措施和康复技术的研究，以降低体质弱势学生运动损伤的风险，提高体质弱势学生的体质水平。

5）高校应关注体质弱势群体的社会支持问题。社会支持对体质弱势学生体质的影响不容忽视。高校应加强对体质弱势学生社会支持的研究，为体质弱势学生创造良好的社会环境，促进体质弱势学生的体质健康发展。

未来高校在体质弱势群体健康教育方面需要从心理健康、营养教育、体育锻炼习惯养成、运动损伤的预防与康复研究，以及社会支持等多个方面进行深入研究和探讨，以期提高体质弱势学生的体质水平，促进体质弱势学生的全面发展。

参考文献

[1] 翟向阳 . 健康教育学 [M]. 重庆：重庆大学出版社，2018.

[2] 文雄，裘进 . 大学体育 [M]. 重庆：重庆大学出版社，2015.

[3] 孙越鹏，宋丽丹 . 高校体育教学理论及改革创新研究 [M]. 北京：新华出版社，2018.

[4] 马鹏涛 . 高校体育教学改革创新与科学化训练研究 [M]. 北京：新华出版社，2018.

[5] 杨东明 . 高校体育课程资源开发理论与实践研究 [M]. 北京：新华出版社，2014.

[6] 张遥，李刚 . 高校体育人才培养理论与实践研究 [M]. 北京：新华出版社，2018.

[7] 邱天 . 高校体育创新思维的教学与实践 [M]. 厦门：厦门大学出版社，2020.

[8] 廖建媚 . 高校公共体育教学环境研究 [M]. 厦门：厦门大学出版社，2020.

[9] 冯世勇 . 体育文化与实践研究 [M]. 北京：中国政法大学出版社，2020.

[10] 赵琳 . 互联网视域下高校心理健康教育模式发展研究 [M]. 重庆：重庆大学出版社，2020.

[11] 尹立波 . 休闲体育运动文化与实践 [M]. 北京：新华出版社：2017.

[12] 付国秋 . 大学生心理素质拓展 [M]. 重庆：重庆大学出版社，2020.

[13] 李丹 . 高校体质弱势学生体质健康教育诉求研究路径 [J]. 科学咨询（科技·管理），2022（7）：62-65.

[14] 周二三，刘成，李秀华 . 体质弱势群体的理论构建 [J]. 体育学刊，2008，15（7）：46-49.

[15] 侯光辉，朱斌 . 健康教育相关概念与学校卫生工作新思路 [J]. 中国学校卫生，2010，31（9）：1117-1119.

[16] 刘成，李秀华 . 体质弱势群体与体育教学改革 [J]. 体育学刊，2005，12（5）：72-74.

[17] 楼格林 . 宁波市大学生体质弱势群体体育行为特征研究 [D]. 宁波：宁波大学，2021.

[18] 陈建伟 . 多元视角下加强医学生心理健康教育必要性的再认识 [J]. 辽宁中医药大学学报，2009，11（5）：261-262.

[19] 王凤 . 浅谈体育锻炼对改善人体亚健康的作用 [J]. 思茅师范高等专科学校学报，2009，25（6）：60-63.

[20] 刘晓莉 . 高校体质弱势群体体育教学健康促进策略研究 [J]. 牡丹江教育学院学报，

2017（S2）：28-29，47.
［21］钟振兴．高校体育教学中体育薄弱群体体质健康现状及对策［J］．当代体育科技，2021，11（2）：97-98，101.
［22］刘永祥．高校体质差生教学研究［J］．长春师范学院学报，2007，26（6）：143-145.
［23］韦军湘，吴国天．传统体育与现代体育相结合提高身体异常大学生身体素质的研究［J］．广西中医学院学报，2006，9（1）：89-91.
［24］毛伟胜，孙天明，叶明，等．学生工作视野下高校“弱势群体”体育个性化教育问题研究［J］．山东体育学院学报，2008，24（11）：94-96.
［25］韩新英．教育公平视角下高校体质弱势学生群体的体育教学改革［J］．体育文化导刊，2016（10）：134-137.
［26］陈长洲，王红英，项贤林，等．改革开放 40 年我国青少年体质健康政策的回顾、反思与展望［J］．体育科学，2019，39（3）：38-47，97.
［27］何劲鹏，杨伟群．我国学校体育政策执行“不良心态”本质透析与制度性化解［J］．北京体育大学学报，2018，41（2）：88-93，114.
［28］刘斌．学生体育权利的实现：基于学校体育政策法规执行机制构建视角［J］．西安体育学院学报，2018，35（4）：406-409.
［29］张强峰，汤长发，颜亮．基于习近平扶贫思想的我国学生体质健康促进策略研究［J］．武汉体育学院学报，2018，52（9）：5-10.

